NFT

NON-FUNGIBLE TOKEN

FÜR EINSTEIGER

Der Wegweiser ins Blockchain- und

NFT-Universum

T/ BASICS

Impressum

TEPE/ PUBLISHING
TEPE Consulting GmbH
Bernd Tepe
Donnerschweer Straße 52
26123 Oldenburg
info@tepe.gmbh

Herausgeber: TEPE Consulting GmbH
Cover: Julia Bremser Grafikdesign

ISBN: 9798776450587
Independently published

Der Inhalt dieses Buches wurde mit größtmöglicher Sorgfalt erstellt. Herausgeber und Autor können nicht für Schäden haftbar gemacht werden, die durch die Anwendung entstehen. Sie übernehmen keine Gewähr für die Vollständigkeit und Richtigkeit der recherchierten und publizierten Informationen. Trotz sorgfältiger inhaltlicher Kontrolle wird keine Haftung für die Inhalte zitierter Links übernommen. Für den Inhalt der zitierten Seiten sind ausschließlich deren Betreiber verantwortlich. Vorsorglich wird darauf hingewiesen, dass verwendete Bezeichnungen, Titel und Logos, die einem marken- oder urheberrechtlichen Schutz unterliegen, hier nur zu informatorischen Zwecken genannt werden.

Bernd Tepe

NFT
NON-FUNGIBLE TOKEN
FÜR EINSTEIGER

Der Wegweiser ins Blockchain- und NFT-Universum

T/ BASICS

Inhaltsverzeichnis

Was sind eigentlich NFTs?

2017 veröffentlichte das zweiköpfige Studio Larva Labs eine Serie von 10.000 digitalen Pixel-Porträtbildern mit dem Titel "Cryptopunks". Die Bilder wurden ursprünglich kostenlos ausgegeben, ihr Marktwert im November 2021 beträgt schätzungsweise 20 Mrd. US-Dollar.

Im März 2021 wurde ein Werk mit dem Titel "Everydays: The first 5.000 days" des Digitalkünstlers Beeple für 69,3 Mio. Dollar vom Auktionshaus Christies versteigert. Beeple – im echten Leben Mike Winkelmann – wurde damit auf Position 3 der aktuell lebenden teuersten Künstler katapultiert.

Verlost bzw. versteigert im engeren Sinne wurde dabei nicht das Bild an sich – das existiert lediglich als Datei – sondern das in Form eines NFTs belegte Eigentumsrecht an einer Original- bzw. Ursprungsdatei.

Was also sind NFTs? NFTs – non-fungible tokens – sind unverwechselbare Dateien, deren Legitimität in einer Blockchain bestätigt wurde. Sie sind sozusagen das digitale Gegenstück zum "Original" der physischen Welt.

Ein wesentlicher Unterschied zum physischen Pendant besteht darin, dass es sich beim NFT nicht um den Gegenstand (die Datei) selbst handelt, sondern um einen Vertrag, der die Eigentums- und Nutzungsrechte an der Datei regelt. Das geschieht in Form von "Smart Contracts" – mehr dazu später im Buch.

NFTs existieren nur in der digitalen Welt, ihre technische Grundlage ist die Blockchain-Technologie, die auch Kryptowährungen wie Bitcoin oder Ethereum zugrundliegt. Das macht sie zu einer Art fälschungssicherem digitalen Beweis für das Eigentumsrecht an einem Sammelobjekt bzw. einer bestimmten Datei.

Da mag sich mancher fragen: Ist das nicht alles völliger Quatsch? Eine Datei lässt sich schließlich beliebig ohne jeden Qualitätsverlust vervielfachen.

Dazu ein Vergleich aus der physischen Welt: Die Mona Lisa ist das wohl berühmteste Gemälde der Welt. Von der Mona Lisa gibt es unzählige Kopien, von der meisterhaften Fälschung bis zum billigen Kunstdruck – aber es gibt nur ein Original, nämlich das im Pariser Louvre.

Dieselbe Logik liegt auch NFTs zugrunde: Betrachten und kopieren kann sie im Grunde jeder, das Original aber gehört jemandem. Und dieses Eigentumsrecht ist in der Blockchain fälschungssicher hinterlegt.

So gesehen erzeugen NFTs mit Blockchain-Technologie Knappheit in der digitalen Welt. Damit bedienen sie menschliche Bedürfnisse nach Zugehörigkeit, Status und Individualität.

Sollte sich die technologische Entwicklung fortsetzen wie bisher, dann werden physische und digitale Welt absehbar immer weiter verschmelzen. Das bedeutet auch: Die digitale Welt wird noch mehr zu einer eigenen Realität, in der wir uns bewegen und in der wir einen Teil unseres Lebens verbringen.

In der physischen Welt haben wir wechselnde Rollen und Identitäten – da ist es logisch, dass wir uns auch in einer digitalen Welt mit einer oder auch mehreren Identitäten bewegen werden. Möglicherweise sind wir die letzte Generation, die im Netz mit Klarnamen und Echtporträts unterwegs ist. Stattdessen werden wir vermutlich Avatare schaffen, als die wir im digitalen Raum miteinander interagieren. Auch in diesem Zusammenhang spielen NFTs eine wichtige Rolle, wie wir im Laufe des Buches noch sehen werden.

Wieso ausgerechnet ein Buch über ein so krass digitales Thema?

Nur sehr wenige Menschen in unserem Land haben den Begriff NFT schon einmal gehört und noch viel weniger verbinden inhaltlich irgendetwas damit.

Dieses Buch ist für Sie, wenn Sie neugierig auf die Zukunft und ein spannendes Thema sind, sich einen ersten Überblick verschaffen wollen und einen Einstieg suchen.

Das könnten Sie auch haben, indem Sie im Internet ein wenig recherchieren und loslegen. Allerdings kann das beim Themenkomplex Blockchain, Kryptowährungen und NFT nicht bloß verwirrend, sondern im Einzelfall auch teuer werden.

Mit diesem Buch sind Sie schneller unterwegs, als würden Sie einfach irgendwo anfangen und sich dann im Informationsdickicht verlieren: Sie bekommen eine erste Orientierung für einen umfassenden, schnellen Einstieg. "NFT für Einsteiger" liefert Ihnen ein solides Fundament, um dann im Netz weiter zu recherchieren.

Das andere wichtige Anliegen dieses Buches ist es, die Summe Ihres Lehrgeldes möglichst klein zu halten – weil es von uns bereits bezahlt wurde. Um ein Lehrgeld kommen Sie beim Thema NFT nämlich nicht herum – zumindest dann nicht, wenn Sie wirklich einsteigen, lernen und entdecken wollen.

Wenn Sie NFTs kaufen und verkaufen oder selbst erstellen wollen, dann brauchen Sie mindestens eine sogenannte "Wallet" mit Kryptowährung. Es entstehen je nach Anbieter zum Teil nicht unerhebliche Transaktionskosten und es gibt einige Fallstricke, die Sie besser auslassen.

TIPP

Grundsätzlich sollten Sie beim Thema NFT nur mit Geld unterwegs sein, auf das Sie zur Not auch verzichten könnten. Probieren Sie alles erst einmal mit kleinen Beträgen aus – und betrachten Sie dieses Geld als eine gute und spannende Investition in sich selbst.

Was ist ein Token? Und was bedeutet non-fungible?

Ein Token ist ein digitaler Wertgegenstand. Ein NFT ist ein Blockchain-basierter, nicht fungibler Token. Da die Blockchain transparent ist, ist für jeden einfach zu erkennen, wem welcher Token gehört.

Nicht fungibel oder „non-fungible“ bedeutet, dass der Wert des Tokens nicht objektiv definiert ist. Ein Beispiel für nicht-fungible Werte sind Immobilien. Es lassen sich kaum zwei Immobilien finden, die absolut identisch und damit genau gleichwertig wären.

„Fungibel“ hingegen bedeutet, dass ein allgemein akzeptiertes Referenz-System existiert: Beispiele für fungible Werte sind Gold, Unternehmensanteile oder Währungen. Ein Gramm Gold ist exakt so viel wert wie ein anderes und eine Aktie eines Unternehmens kostet so viel wie eine andere Aktie.

Wenn Sie mir zwei Fünzig-Euro-Scheine geben und ich gebe Ihnen einen Hundert-Euro-Schein zurück, dann hat keine Wert-Transaktion stattgefunden – vorausgesetzt, es ist kein Falschgeld im Spiel.

Das funktioniert bei NFTs nicht, ihr jeweiliger Wert ist nicht in einem Referenz-System festgeschrieben. NFTs haben zwar ungefähre Marktpreise (üblicherweise in einer Kryptowährung angegeben) aber auch untereinander keinen relativen Wert. Was Sie in Währung bekommen, wenn Sie Ihr NFT verkaufen wollen, hängt wie bei einem Kunstwerk allein vom Markt ab.

Überhaupt lassen sich die Marktmechanismen von NFTs sehr gut am Beispiel des Kunstmarktes erklären. Ihm liegt eine ähnliche psychologische Logik zugrunde – sowohl bei NFTs wie auch im klassischen Kunstmarkt geht es um Status, Besitzstreben und Gewinnabsichten. Nicht zufällig verändert sich der Kunstmarkt durch NFTs gerade nachhaltig.

Einige NFTs werden aufgrund hoher Nachfrage als sogenannte „Drops“ veröffentlicht – ähnlich wie bei Veranstaltungen, bei denen Tickets oft zu unterschiedlichen Zeiten freigegeben werden. Ein solcher "Drop" wird dann mit einer umfassenden Marketingstrategie vorbereitet. Wenn das Marketing funktioniert hat, hat der eigentliche Verkauf mehr den Charakter einer Verlosung: bei erfolgreichen Kollektionen beträgt die Chance, ein NFT kaufen „zu dürfen“ oft weniger als 1 zu 20.

NFTs sorgen aktuell besonders in der Kunst- und Gamingwelt für Furore. Vielleicht ist Ihnen das Wort NFT irgendwo in den Medien begegnet – oft in Verbindung mit großen Geldbeträgen und der Prophezeiung, dass es bei diesem Thema nur um einen vorübergehenden Hype handelt. Hinter dieser Art der Berichterstattung stecken dieselben Mechanismen und derselbe Typ Prophet, der im Jahr 2000 mit dem Platzen der Dotcom-Blase immer schon wusste, dass das Internet nur eine vorübergehende Erscheinung ist.

Im Wesentlichen ist ein NFT ein sammelbares digitales Asset mit Geldwert. NFTs können alles sein, von digitalen Kunstwerken bis hin zu Musikdateien, alles Originale, die digital gespeichert und als wertvoll angesehen werden können. Sie funktionieren ähnlich wie jedes andere physische Sammlerstück, aber anstelle eines Ölgemäldes auf Leinwand, das Sie an Ihre Wand hängen, erhalten Sie eine Datei.

Steigen wir nun also ein in die faszinierende Welt der NFTs und der Blockchain-Technologie. Aus ihrer Geschichte heraus werden viele Dinge oft besser verständlich. Das gilt auch beim Thema NFT – es ist zwar keine Raketenwissenschaft, aber doch einigermaßen komplex. Vieles erschließt sich nicht auf den ersten Blick, einiges erklärt sich einfacher aus der Historie.

Darum beginnen wir unsere Reise mit einem Blick in die Vergangenheit.

Die Basics

Kurze Geschichte von Blockchain und NFTs

Die ersten Experimente mit NFTs begannen mit dem Erscheinen sogenannter **Colored Coins** (farbige Münzen) in den Jahren 2012-2013 im Bitcoin-Netzwerk. Diese Münzen sind die ersten, die existieren und wurden mit kleinen Stückelungen von Bitcoin hergestellt.

Farbige Münzen wurden verwendet, um Vermögenswerte zu signieren. Ihre Anwendungsfälle waren u.a. Besitzrechte, Coupons, Abonnements, Unternehmensanteile und digitale Sammlerstücke.

Die Skriptsprache von Bitcoin war nie dazu bestimmt, diese Art von Wertschöpfung in seinem System zu ermöglichen. Colored Coins funktionierten nur bedingt und auch nur, solange alle die Werte gleich verstanden. Trotzdem bedeuteten sie einen enormen Sprung in den Fähigkeiten von Bitcoin.

Zum Beispiel sind sich drei Personen darüber einig, dass ein Colored Coin 100 Anteile eines Unternehmens repräsentieren. Wenn auch nur ein Teilnehmer sich entscheidet, keine Colored Coins mehr als Repräsentation von Unternehmensanteilen zu akzeptieren, ist das gesamte System zerstört.

Colored Coins schafften jedoch wesentliche Grundlagen für NFTs. Das enorme Potenzial der Idee, reale Vermögenswerte auf ein Public Ledger (Öffentliches Kassenbuch) zu übertragen, erforderte jedoch eine flexiblere Blockchain.

2014 gründeten Adam Krellenstein, Robert Dermody und Evan Wagner **Counterparty**: eine Peer-to-Peer-Finanzplattform und verteiltes Open-Source-Internetprotokoll, das auf der Bitcoin-Blockchain basierte. Counterparty erlaubte die Vermögensbildung und betrieb eine dezentralisierte Börse.

Es schaffte auch einen Krypto-Token mit dem Ticker XCP. Das System hatte mehrere Assets und Projekte, wie zum Beispiel Meme-Trading und ein Sammelkartenspiel.

April 2015: Die Spieledesigner von **Spells of Genesis** waren nicht nur Innovatoren bei der Entwicklung von In-Game-Assets auf dem Blockchain-System über Counterparty. Sie gehörten auch zu den ersten, die ein ICO (Initial Coin Offering) durchführten. Spells of Genesis sponserte die Expansion durch die Initiierung eines Tokens namens BitCrystals, der als Spielwährung verwendet wurde.

Im August 2016 schloss Counterparty eine Partnerschaft mit dem Sammelkartenspiel **Force of Will**, um ihre Karten im Counterparty-Netzwerk zu präsentieren.

Force of Will stand auf Platz 4 der meistverkauften Kartenspielen in den USA – nach Pokemon, Yu-Gi-Oh und Magic: The Gathering. Mit Force of Will engagierte sich erstmals ein großes Mainstream-Unternehmen ohne vorherige Kryptowährungs- oder Blockchain-Erfahrung im Counterparty-Netzwerk.

Im Oktober 2016 begannen Einzelpersonen, **„Rare Pepes“** im Counterparty-Netzwerk herauszugeben. Ein Rare Pepe ist eine Art Meme (→ Glossar: Meme), der den Charakter Pepe the Frog enthält. Diese Meme haben eine große Fangemeinde, es gibt eine Art Börse, die als Rare Pepe Meme Directory bekannt ist.

Zusätzlich zur Verifizierung innerhalb der Bitcoin-Blockchain hat das Rare Pepe Meme Directory "Spezialisten", die die Individualität der Meme bestätigen. Ein weiterer Beleg, dass Menschen auch im digitalen Raum nach einzigartigen Objekten suchen. Eines der ersten Memes, die bei eBay verkauft wurden, war ein Rare Pepe.

Als Ethereum Anfang 2017 bekannter wurde, wurden auch dort Memes vermarktet. Der erste Ethereum-basierte NFT-Test waren die **CryptoPunks**, eine Kollektion von 10.000 außergewöhnlichen und einzigartigen Sammler-Punks. Jeder von ihnen hat eine Reihe von charakteristischen Merkmalen. CryptoPunks wurde von Larva Labs entwickelt und verfügten über einen On-Chain-Markt, der mit Wallets wie MetaMask genutzt werden kann, wodurch die Eintrittsbarriere für den Handel mit NFTs reduziert wird.

John Watkinson und Matt Hall (die beiden Gründer von Larva Labs) erlaubten jedem mit einer Ethereum-Wallet, einen Cryptopunk kostenlos zu beanspruchen. Innerhalb kurzer Zeit wurden all diese 10.000 Cryptopunks beansprucht und es entwickelte sich ein florierender Sekundärmarkt.

Interessanterweise basieren CryptoPunks nicht auf dem ERC-721 Standard, waren aber aufgrund seiner Restriktionen auch nicht ganz ERC-20. CryptoPunks lassen sich am besten als Mischung aus ERC-721 und ERC-20 bezeichnen.

Was hat es mit ERC-20 und ERC-721 Standards auf sich?

Die ERC (Ethereum Request for Comment) sind Token Standards, die technische Spezifikationen eines Tokens auf der Ethereum-Blockchain festhalten. Jeder Standard besitzt eine eindeutige Identikationsnummer und ist somit von den anderen zu unterscheiden. In den Standards werden die Regeln und die Funktionsweisen des Tokens auf der Blockchain vorgegeben.

Am Beispiel von ERC-20 und ERC-721 bedeutet das: Der ERC-20 ist der am weitesten verbreitete Standard, mit dem Token in vielen Funktionen auf der Blockchain eingesetzt werden können. ERC-721 wurde explizit als technischer Standard für nicht-fungible Token (NFT), also einzigartige und nicht ausstauschbare Token, auf der Ethereum Blockchain entwickelt.

CryptoKitties, zu denen wir im weiteren Verlauf kommen, war das erste Projekt, das den neuen NFT-Technikstandard ERC-721 verwendete.

Im März 2017 wurde eine Entwicklung namens **Peperium** als dezentraler Marktplatz für Meme und Sammelkartenspiele präsentiert, das es jedem ermöglichte, Memes zu erstellen, die ewig auf der Ethereum-Blockchain bestehen. Wie Counterparty hatte auch Peperium ein verwandtes Token, wobei das Tickerzeichen von RARE für die Meme-Bildung und die Zahlung von Börsengebühren verwendet wurde.

2017 war auch die Geburtsstunde des Projektes, das NFTs schließlich in den Mainstream brachte: **CryptoKitties** wurde Ende 2017 beim ETH Waterloo Hackathon gegründet. Bei CryptoKitties geht es darum, digitale Katzen zu züchten, um neue Katzen unterschiedlicher Seltenheit zu erzeugen.

CryptoKitties ist ein Blockchain-basiertes virtuelles Spiel, mit dem Spieler virtuelle Katzen vermehren und tauschen können. Die digitalen Katzen waren so erfolgreich, dass sie zeitweilig die Ethereum-Blockchain blockierten und verlangsamten. Einige CryptoKitties wurden für mehr als 100.000 Dollar gehandelt.

Die Entwickler der CryptoKitties hatten einen On-Chain-Zuchtalgorithmus gebaut, der in einem Closed-Source Smart Contract verborgen war und den genetischen Code einer Katze festlegte. Dieser genetische Code wiederum bestimmte die individuellen "Attribute".

Durch ein ausgeklügeltes Anreizsystem garantierte das Entwickler-Team die Unberechenbarkeit der Zucht und hatte den Weitblick, bestimmte Low-ID-Katzen für den zukünftigen Einsatz als Werbemittel zu sichern.

Schließlich schafften sie einen Versteigerungsmodus auf Basis der sog. Holländischen Auktion (→ Glossar: Dutch Auction), die später zu einer der wichtigsten Methoden zur Preisfindung für NFTs wurde.

Die Handels- und Zuchtmechanik von CryptoKitties hatten einen klaren Weg zum Umsatz: Kaufen Sie ein Katzenpaar, züchten Sie damit eine neue, möglichst seltene Katze. Verkaufen Sie eine Katze oder kaufen Sie eine seltene Katze, um weitere Katzen zu züchten und zu verkaufen.

Dies trieb die Entwicklung einer Züchtergesellschaft voran: Fans, die sich dem Kaufen, Verkaufen und Züchten seltener Katzen verschrieben haben. Die Preise würden weiter steigen, solange neue Nutzer hinzukommen.

Ein weiterer Grund für den Erfolg war die Story. Die Idee, eine digitale Katze für 1.000 US-Dollar zu kaufen, war so lächerlich, dass daraus eine fantastische Nachricht entstand. Darüber hinaus brachten die Fans der CryptoKitties die Ethereum-Plattform zeitweilig fast zum Stillstand, eine weitere Story, die von den Medien bereitwillig aufgegriffen wurde.

Die Ethereum-Blockchain kann nur eine begrenzte Zahl Transaktionen gleichzeitig ausführen (etwa 15 in einer Sekunde). Der Transaktions-Stau wurde immer länger und steigerte sich schließlich zeitweilig auf bis zu 11.000 ausstehende Transaktionen gleichzeitig. Die Katzen-Fans warteten Stunden auf die Ausführung ihrer Transaktion und zahlten dafür exorbitante Gebühren (Gas Fees).

Letztlich kam es wie es kommen musste: Neue Nachfrage führt zu steigenden Gebühren, steigende Preise ziehen neue Nachfrage an – bis die Blase platzt. Anfang Dezember 2017 begannen die durchschnittlichen Preise zu sinken und das Volumen verringerte sich. Viele erkannten, dass das Publikum von CryptoKitties sich nicht auf Gaming-Enthusiasten beschränken ließ. Als mehr und mehr Spekulanten hinzukamen, stiegen mehr und mehr ursprüngliche Fans aus.

Letztlich wurde aber durch den Hype um die CryptoKitties vielen Menschen die Augen für die Möglichkeit nicht fungibler Token geöffnet. Trotz des Markteinbruchs: Mit den CryptoKitties hatte ein Team erstmalig eine nicht-finanzielle

Blockchain-basierte App geschaffen. Nach den CryptoKitties begannen Unternehmer und Investoren vermehrt über neue Methoden für digitale Besitztümer nachzudenken.

Die Ära nach CryptoKitties sah den Aufstieg bahnbrechender **Layer 2-Spiele**: Das sind Spiele, die auf CryptoKitties von Drittanbietern ohne Verbindung zum ersten CryptoKitties-Team entwickelt wurden.

Der Charme der CryptoKitties bestand darin, dass diese Spiele ohne Abstimmung mit den Schöpfern der Original-Katzen hergestellt werden konnten, so dass die CryptoKitties ein Eigenleben außerhalb ihrer ursprünglichen Umgebung entwickelten. Mit Kitty Race konnten Besitzer ihre digitalen Katzen gegeneinander antreten lassen, um ETH zu gewinnen. Kitty-Hats erlaubten Benutzern, ihre CryptoKitties mit Gemälden und Hüten zu dekorieren. Später wurde es mit den Wrapped Kitties möglich, die Katzen in ERC-20 Tokens umzuwandeln, die an dezentralen Börsen gehandelt werden können. Dapper Labs (das kürzlich gegründete Unternehmen hinter den CryptoKitties) hat für diese Entwicklungen eigens ein KittyVerse geschaffen.

Im Januar 2018 kam ein Hot Potatoe-Spiel namens **CryptoCelebrities** auf. Die Idee bestand darin, so schnell wie möglich mit Gewinn wieder zu verkaufen. Sie kaufen zunächst ein Sammel-Promi-NFT. Dadurch wird das NFT zu einem höheren Preis angeboten. Wenn jemand Ihren Prominenten kauft, kassieren Sie die Änderung zwischen Ihrem Anschaffungspreis und dem neuen Kaufpreis (abzüglich einer Entwicklergebühr). Solange jemand bereit ist, Ihren Promi zu kaufen, profitieren Sie. Wenn Sie jedoch der Letzte in der Kette sind, machen Sie Verlust.

Persönlichkeiten wie Donald Trump wurden zu extrem hohen Preisen verkauft (123 ETH oder damals 137.000 US-Dollar). Während das CryptoCelebrity-Spiel dem Ruf von NFTs nicht eben geholfen hat, wurde jedoch zunehmend absehbarer, welch großes Potenzial für die NFT-Welt unterschiedliche Auktions- und Preismechaniken haben.

Die ersten Wagniskapitalgeber und Crypto-Fonds wurden Anfang 2018 ebenfalls neugierig auf den NFT-Bereich. CryptoKitties sammelte etwa 12 Millionen US-Dollar von hochrangigen Aktionären und weitere 15 Millionen US-Dollar im November ein.

In den Jahren 2018 und 2019 begann sich die Kunstwelt für NFTs zu begeistern: Digitale Kunst schien auf einmal wie gemacht für nicht-fungible Token.

Es entwickelten sich **Plattformen für digitale Kunst**: SuperRare, MakersPlace, KnownOrigin und Rare Art Labs widmeten sich der Verbreitung digitaler Kunst.

Mitte 2018 wurde die Digital Art Chain gegründet, um es Benutzern zu ermöglichen, NFTs aus jedem von ihnen hochgeladenen digitalen Bild zu prägen. Dies war die erste Entwicklung dieser Art.

2019 brachte **Mintable** und **Mintbase** Websites in die Welt, die es leicht machen, eigene NFTs zu generieren. Die **Kred Plattform** ermöglichte es Influencern, auf einfache Weise Sammlerstücke und Coupons zu erstellen. **OpenSea** – heute die größte NFT-Plattform auf Ethereum-Basis – entwickelte einen einfachen Storefront-Manager, um Smart Contracts zu arrangieren und NFTs dazu zu prägen. 2020 entwickelten sich diese Plattformen zusammen mit **Cargo** und **Rarible**.

Mit der Entwicklung von Web3-Wallets wie MetaMask ist die Integration in das NFT-Ökosystem einfacher geworden. Dapper Labs hat kürzlich eine Dapper-Wallet veröffentlicht, die keine Gaszahlungen erfordert.

Virtuelle Welten: Die Anfänge des Metaverse

2018 erreichten NFTs in virtuellen Welten ein höheres Handelsvolumen als andere NFTs: So wurde im Decentraland ein Grundstück für 10 Mio. US-Dollar verkauft. CryptoVoxels, eine weitere virtuelle Welt, verfolgte eine etwas schlankere Taktik. CryptoVoxels führte Mitte des 2018 eine sehr einfache webVR-Fähigkeit ein. Sein Universum hat CryptoVoxels schrittweise erweitert, der durchschnittliche Wert der virtuellen Immobilien steigt kontinuierlich an.

CryptoVoxel ist insbesondere unter digitalen Künstlern beliebt: In der CryptoVoxel-Welt entstehen Kunstgalerien, Museen und Shops, die Mode und Gadgets für Avatare verkaufen.

Die Geschichte der NFTs reicht weiter zurück, als den meisten Menschen bewusst ist. Die ersten Bemühungen um NFTs werden in der Colored Coinage von 2012-2013 datiert; jedoch kann man heute, zum Ende des Jahres 2021, davon ausgehen, dass das Thema im Grunde immer noch in den Kinderschuhen steckt.

Was ist eigentlich eine Blockchain?

Das Ziel der Blockchain-Technologie ist die verlässliche Dokumentation und Absicherung von Transaktionen ohne eine zentrale Instanz. Im Kern beruht sie auf einer transparenten dezentralen Datenbank, die weder gehackt noch manipuliert werden kann.

In einer Blockchain werden Daten mithilfe von Kryptographie (Verschlüsselung) gesichert. Hierdurch sollen sowohl eine hohe Transparenz, als auch Schutz vor Manipulationen gewährleistet werden.

Die Blockchain-Technologie wurde im Zusammenhang mit der Kryptowährung Bitcoin entwickelt. Bitcoin ist im Kern ein Softwareprogramm, das jeder kostenfrei herunterladen kann. Der eigene Rechner wird so zu einem Knoten im Bitcoin-Netzwerk.

Als Blockchain wird eine Art digitales Journal (→ Glossar: Public Ledger) bezeichnet, in dem alle Transaktionen vermerkt sind, die jemals getätigt wurden.

Die Einträge in dieses Journal werden nicht einzeln vorgenommen, sondern mehrere Eintragungen werden zu einem Block zusammengefasst. Statt durch eine zentrale Autorität wird dieser Block nach einer verteilten Konsensfindung von einem Peer-to-Peer Netzwerk bestätigt und an die bestehende Blockchain angehängt.

Jeder Block beinhaltet einen digitalen Fingerabdruck (Hash), den Fingerabdruck des vorherigen Blocks und eine Anzahl an

Transaktionen. Ein Block gilt erst dann als bestätigt, wenn ihm mehrere Folgeblöcke angehängt wurden.

Jede Transaktion ist mit einem Zeitstempel versehen sowie mit einer anonymen ID für Absender und Empfänger. Die gespeicherten Transaktionen sind nachvollziehbar und können nachträglich nicht verändert werden.

Die Software synchronisiert die Blockchain permanent zwischen allen Knoten. Somit ist der aktuelle Stand einer Blockchain stets auf allen Rechnern des Netzwerkes abgespeichert.

Dokumente und Vermögenswerte werden fälschungssicher codiert und der Transfer zwischen Sendern und Empfängern wird als Transaktion in der Blockchain gespeichert.

Blockchain ist mehr als Kryptowährungen

Die Blockchain-Technologie ist eine leistungsstarke Plattform für zahlreiche weitere Anwendungen auch außerhalb der Finanzbranche und vor allem unabhängig von Kryptowährungen.

So sind zum Beispiel für das Internet of Things insbesondere die mit "Smart Contracts" verbundenen Automatisierungspotenziale wichtig.

Smart Contracts sind Verträge auf Software-Basis, die die Möglichkeit bieten, komplexe Transaktionen und deren Randbedingungen zu beschreiben und auszuführen. Ein Smart Contract überwacht die hinterlegten Regeln automatisch. Wenn ein auslösendes Ereignis (Trigger-Event) eintritt, führt die Software definierte Aktionen selbsttätig aus.

Wenn zum Beispiel während des Vertragsverlaufes eine Zahlung eintrifft, kann der Smart Contract Eigentumsrechte automatisch übertragen.

Die Blockchain-Technologie hat überall dort große Potenziale, wo es darauf ankommt, dass dokumentierte Transaktionen sich nachträglich nicht verändern lassen, so zum Beispiel bei Lieferketten oder Herkunftsnachweisen.

Wie funktioniert eine Blockchain?

Kernelemente der Blockchain-Technologie sind die Verschlüsselung von Transaktionen durch Hashing sowie die Konsensfindung über die Korrektheit von Transaktionen.

Jede Transaktion, z.B. die Überweisung einer Kryptowährung oder die Registrierung eines Dokumentes, wird von einem Sender erzeugt und digital signiert. (→ Glossar: Digitale Signatur)

Diese Transaktion wird an das Netzwerk gesendet und an die beteiligten Knoten verteilt. Die Knoten des Netzwerkes überprüfen die Gültigkeit der Transaktion und versuchen, einen Konsens zu finden. Anschließend werden mehrere gemeinsam "geglaubte" Transaktionen in einem Block gespeichert und durch Hashfunktionen in ein standardisiertes Format überführt und an die bestehende Blockchain angehängt.

Diese Codierung ist gegenüber Manipulationsversuchen sicher, da die Änderung bereits einer Transaktion den Hashwert des Blockes verändern würde und damit der Hashbaum nicht mehr konsistent wäre.

Diese Ketten werden dann in allen Knoten des Netzwerkes synchronisiert, d.h. alle Knoten verfügen über dasselbe Basiswissen.

Was bedeutet Proof-of-Work?

Die Konsensbildung ist ein wesentlicher Grundpfeiler des Blockchain-Konzeptes. Sie dient dazu, Transaktionen so zu validieren, dass eine Übereinkunft über die als gültig anzuerkennenden Transaktionen gefunden werden kann, womit die damit gespeicherte Aussage von allen anerkannt wird und zukünftig nicht mehr veränderbar ist.

Das aktuell bekannteste von einer Blockchain-Implementierung verwendete Verfahren ist der Proof-of-Work der Bitcoin-Blockchain.

Das Ziel des Proof-of-Work Algorithmus ist es, eine Zahl (nonce = number used only once) zu finden, die in Kombination mit dem neuen Block, der an die schon existierende Blockchain angehängt werden soll, einen Hashwert ergibt, der eine bestimmte Bedingung erfüllt.

Diese Zahl kann nur durch vielfaches Ausprobieren gefunden werden, da Hashfunktionen sogenannte Einwegfunktionen sind. Das bedeutet, dass das Ergebnis nicht zurückgerechnet werden kann. Ein Beispiel für eine einfache Einwegfunktion ist die Quersumme. Es gibt unendlich viele Zahlen, deren Quersummenergebnis zum Beispiel "5" ist. Der Weg zum Ergebnis einer Einwegfunktion kann also nachträglich nicht zurückgerechnet werden.

Beim Proof-of-Work Verfahren hat die Rechenleistung der Knoten maßgeblichen Einfluss darauf, wer das Rätsel löst und einen passenden nonce-Wert findet. Da der Aufwand neben der Investition in die Rechenleistung im Wesentlichen in der verbrauchten Energie besteht, ist der Proof-of-Work-Ansatz nicht für alle Blockchain-Anwendungen sinnvoll.

Aus diesem Grund wurden alternative Proof-of-Work Verfahren entwickelt, die entweder speicher- oder netzwerkbasiert sind.

Bei speicherbasierten Verfahren wird das Rätsel nicht durch Rechenleistung, sondern durch eine entsprechende Anzahl Speicherzugriffe gelöst. Netzwerkbasierte Verfahren lösen das Rätsel durch die Kommunikation mit anderen Netzwerk-Knoten, z.B. um von dort Informationen zu sammeln, die zur Lösung des Rätsels erforderlich sind.

Das Proof-of-Work Verfahren ist immer dann sinnvoll, wenn der Zugang zum Blockchain-Netzwerk öffentlich ist und keiner Zugangsbeschränkung unterliegt (öffentliche Blockchain).

Was bedeutet Proof-of-Stake?

Ein großes Problem des Proof-of-Work Verfahrens ist der immense Energieverbrauch und damit verbunden ständig steigende Kosten.

Proof-of-Stake ist ein alternatives Verfahren der Konsensbildung. Es ist vor allem für private Blockchains relevant, bei denen die beteiligten Knoten bekannt sind und einer Zugangsbeschränkung unterliegen.

Beim Proof-of-Stake werden Knoten, die einen neuen Block validieren können, nach ihren Anteilen an der Kryptowährung oder über ein Zufallsverfahren ausgewählt.

Statt Rechenleistung einzusetzen, müssen Netzwerkteilnehmer nachweisen, dass sie in die Kryptowährung investiert haben. Daher kommt der Begriff "Stake", der in diesem Zusammenhang "Anteil" oder "Einsatz" bedeutet.

Die Idee dahinter: Hat jemand viel Geld in die Währung investiert, dann müsste er oder sie auch ein großes Interesse daran haben, dass alles mit rechten Dingen zugeht. Denn Betrug würde das Vertrauen in die Währung und damit den Wert der eigenen Investition gefährden.

Auch die Ethereum-Blockchain will mit Ethereum 2.0 auf "Proof of Stake" umsatteln. Die schon lange angekündigte Umstellung wurde jedoch immer wieder verschoben. Der aktuell angekündigte Termin ist das "2. Quartal 2022".

Die Ethereum-Blockchain

NFTs sind nicht auf Ethereum beschränkt. Cardano und Polkadot sind Ethereum-Alternativen und beruhen auf dem Proof-of-Stake-Prinzip. Solana und Binance Smart Chain sind weitere Smart Contract Plattformen, die Ethereum Konkurrenz machen.

Für den ersten Einstieg in die NFT-Welt ist Ethereum jedoch die entscheidende Plattform und Ether (ETH) die wichtigste Währung.

Sehen wir uns Ethereum deshalb einmal etwas genauer an: Ethereum wurde 2015 ins Leben gerufen und ist keine reine Kryptowährung wie beispielsweise der Bitcoin. Es ist als quelloffenes, dezentrales Betriebssystem zu verstehen. Ethereum hat eine eigene Blockchain-Technologie, auf der dezentrale Programme (dApps) und Kontrakte (Smart Contracts) angelegt, verwaltet und ausgeführt werden kön-nen. Es stellt damit einen Gegenentwurf zur klassischen Client-Server-Architektur dar. Nach welchen Regeln dieses dezentrale Netzwerk funktioniert, wird durch Smart Contracts geregelt.

Die im Ethereum-System verwendeten Geldeinheiten, also die eigentliche Kryptowährung, nennt sich Ether (ETH). Aktuell ist Ether, nach dem Bitcoin, die zweitstärkste Kryptowährung.

Smart Contracts

Smart Contracts, zu Deutsch „intelligente Verträge“, sind Verträge basierend auf der Blockchain-Technologie. Solche

Verträge vereinbaren die Bedingungen zwischen den Parteien (bspw. Käufer und Verkäufer) direkt in den Codezeilen. Es wird also bei der Erstellung des Vertrages geregelt, zu welchen Bedingungen der Vertrag in Kraft tritt. Dies wird über „Wenn-Dann-Regeln“ implementiert. Ein Algorithmus veranlasst bei Eintreten dieser Bedingungen automatisch eine Transaktion, es bedarf also keiner menschlichen Überwachung. Es kann ein vertrauenswürdiger Vertrag abgeschlossen werden, der ohne den Faktor Mensch auskommt und damit üblicherweise verbundene Fehlerquellen ausschließt.

Rechtlich gesehen ist ein Smart Contract bindend. Er enthält die Rahmenbedingungen des Vertrages (Wenn-Dann-Regel), die Vertragspartner und die Willenserklärung beider Parteien. Durch die Einbindung in die Blockchain ist er nicht manipulierbar.

Nach der Erstellung (Programmierung) des Vertrages ist dieser mit einem kleinen Programm vergleichbar, das auf der Blockchain läuft. Die Verträge sind transparent und nachvollziehbar und durch die Verschlüsselung für Dritte unzugänglich.

In der Welt der Kunst- und Sammlerstücke ist die Anwendung von Smart Contracts für digitale Produkte in Form von NFTs mittlerweile alltäglich. Durch die Technologie der Smart Contracts kann ein NFT erzeugt werden. Er enthält die Informationen über den Eigentümer und den eigentlichen Inhalt (also das Sammlerstück). Da das NFT in der Blockchain liegt, kann es nicht manipuliert werden und es ist immer transparent, wem der Inhalt des Tokens gehört.

Korrekterweise müsste man sagen: in welcher Wallet der Token enthalten ist. Denn die Identität des Besitzers bleibt anonym, es ist also nicht ohne weiteres bekannt, welcher Person oder Firma der Token gehört.

Es ist wichtig, diesen Unterschied zu verstehen: Das gesamte Blockchain-System läuft komplett von realen Personen unabhängig. Wer den Zugang zur Wallet und dem mit einem Vertrag verbundenen Private Key hat, der kann auch darüber verfügen und mögliche Rechte aus einem Vertrag in Anspruch nehmen.

Wird der NFT in einer dApp in der Ethereum-Welt angeboten, speichert der Smart-Contract eine „Wenn-Dann-Bedingung“. Ist die Bedingung erfüllt (also der Kaufpreis transferiert), wird das Eigentumsrecht des NFT auf den Käufer übertragen.

Beispiele für eine mögliche Anwendung von Smart Contracts finden sich auch im Alltag:

Beim Crowdfunding zum Beispiel können sich Unternehmen und Privatpersonen auch außerhalb klassischer Banken Eigenkapital beschaffen. Dies funktioniert bisher über Plattformen wie z.B. „Kickstarter“. Hier wird die Idee vorgestellt und Interessierte können in die Idee investieren.

Ethereum und Smart Contracts könnten diese Plattformen ersetzen. Hier ein Beispiel: Ein Unternehmen benötigt Startkapital in Höhe von 500.000 Euro. Über eine Applikation auf der Plattform Ethereum kann es einen Smart Contract aufsetzen. Der Vertrag wird erst dann ausgeführt, wenn das Unternehmen es geschafft hat, genügend Geldgeber von seiner Idee zu überzeugen, also die benötigte Summe zur

Verfügung steht. Wird diese Summe nicht aufgebracht, wird der Smart Contract wertlos.

Ein weiteres Beispiel: Heutzutage werden Musiker und Hörer auf Plattformen wie zum Beispiel „Spotify“ zusammengebracht. Die Hörer bezahlen, um die Musik zu hören und die Musiker stellen ihre Musik zur Verfügung. Spotify ist hier der Mittler und lässt sich das bezahlen. Smart Contracts bieten auch hier die Möglichkeit der Automatisierung. Auf einer passenden Anwendung in der Ethereum-Welt könnte der Musiker Smart Contracts anbieten, die der Hörer erwirbt, damit er Zugang zur Musik bekommt. Der Mittler würde komplett wegfallen, die Abwicklung wäre effizienter und es würde zu Kostenvorteilen führen.

Auch die Finanzbranche ist stark betroffen: Große Banken interessieren sich mittlerweile sehr für Kryptowährungen und Ethereum. Transaktionen, die in Banken stattfinden, müssen von vielen Mitarbeitern validiert und in bankinterne Register eingetragen werden. Smart Contracts machen diese Arbeit überflüssig – es gibt ein zentrales Register (die Blockchain), in dem alle notwendigen Daten gespeichert sind. Die einzelnen Verträge können automatisch, sobald ihre Bedingungen erfüllt sind, ausgeführt werden.

Was sind dApps?

dApps oder dezenztrale Apps sind Blockchain-Anwendungen, wie beispielsweise für das Ethereum-Netzwerk. Eine dApp ist einer herkömmlichen App in ihrer Grundstruktur her erst einmal sehr ähnlich. Eine dApp besitzt ebenfalls ein Frontend auf dem Computer des Users. Der grundlegende Unterschied besteht im Backend, das sich bei einer dApp nicht auf dem jeweiligen Server befindet, sondern auf der Blockchain. Ethereum ist in diesem Zusammenhang als eine Art Betriebssystem zu verstehen, auf dem die dApps installiert werden können. Dieses Betriebssystem verteilt die Apps dezentral, also auf mehreren Rechnern. Nach welchen Regeln dieses dezentrale Netzwerk funktioniert, wird durch Smart Contracts geregelt. Dadurch hat keine Einzelperson oder Gruppe die Kontrolle über die dApp, ganz im Gegensatz zu einer herkömmlichen App. dApps werden oftmals von Ihren Nutzern beaufsichtigt und finanziert.

Aktuell verzeichnen die dApps einen enormen Anstieg der Nutzerzahlen – allein im Juli 2021 nutzten rund 1,4 Millionen User aktiv dApps, damit etwa 24% mehr als noch einen Monat zuvor.

Ein gängiges Beispiel für eine Ethereum-basierte dApp ist MetaMask. Diese ermöglicht nach der Installation, Zugriff zu seinem Kryptovermögen auf der Blockchain und einen Handel mit Token auf NFT-Markplätzen.

Wozu braucht man eine Wallet?

Für den Zugang zur Ethereum-Plattform benötigen Sie eine Ethereum-Wallet. Eine solche Wallet gibt es in verschiedenen Formen. Als physische Hardware-Wallet (CD, USB), Mobilanwendungen, Web-Wallets und Desktop-Anwendungen. Alle haben ihre Vor- und Nachteile. Je mobiler und zugänglicher es wird, umso mehr nimmt die Sicherheit der Wallet ab.

Nachdem ein Wallet-Produkt ausgewählt und angelegt wurde, muss ein Ethereum-Konto angelegt werden. Dies ist nicht an den Wallet-Anbieter gebunden. Der Anbieter der Wallet kann also immer gewechselt werden.

Die Wallet braucht man, um Ether zu kaufen und zu senden, sie enthält eine Übersicht über das Ether-Guthaben sowie Transaktionsverläufe.

Über das angelegte Ethereum-Konto lässt sich die Wallet mit jeder dezentralen Anwendung der Ethereum-Welt verbinden. In diesen Anwendungen lassen sich Smart Contracts mittels verfügbarer Ether erwerben. Der Zugang zu den Smart Contracts ist dann ebenfalls in der Wallet enthalten.

In der Ethereum-Welt gibt es derzeit vier größere Bereiche, in denen die Blockchain-Technologie rund um Smart Contracts und dApps etabliert sind: Finanzen, Gaming, Technologie sowie Kunst- und Sammlerstücke.

Über verschiedene dApps können Kredite über Ether-Token verliehen werden und mit diesen über Zinsen Gewinne erzielt werden. Außerdem gibt es dApps, um auf Ergebnisse in Sport, Wirtschaft und weiteren Events zu wetten.

Der Gaming-Bereich ist einer der größten Treiber in der Entwicklung von virtuellen Welten und NFTs. Bereits 2015 gab es die ersten Blockchain-basierten Spiele. In Spells of Genesis oder Force of Will konnten erstmals digitale Werte, wie Ausrüstung oder Waffen gegen Kryptowährung gekauft werden. 2017 folgte mit den CryptoKitties ein Spiel, in dem seltene Katzen digital gezüchtet und gewinnbringend verkauft werden konnten. Durch solche Spiele wurde die Entwicklung und Verbreitung von Kryptowährung und NFTs rasch vorangetrieben. Heute gibt es digitale Welten, in die man mit seinem Avatar eintauchen kann und ein paralleles digitales

Leben führen kann – eine digitale Welt, die zunehmend mit der physischen verschmilzt. Man kann im Metaverse digitale Kleidung und Accesoires kaufen, um damit seinen Avatar auszustatten, Immobilien erwerben, um zum Beispiel eine digitale Präsenz seines Unternehmens zu besitzen, oder auch mit Freunden (oder befreundeten Avataren) ins Kino gehen, ein Konzert besuchen usw. Wie stark der Gamingbereich bei NFTs ist, zeigen die aktuellen Zahlen von Axie Infinity: Das Blockchain-Spiel besitzt eine NFT-Sammlung mit insgesamt rund 830 Millionen USD Handelsvolumen, von dem alleine 600 Millionen USD auf den Juli 2021 entfallen.

Im Technologie-Bereich wird gegen eine Gebühr auf verschiedenen Anwendungen Rechenleistung angeboten, mit der die eigene Arbeit durchgeführt werden kann. Entwickler können sich Geld in Form von Kryptowährungen verdienen, in dem sie an Open-Source-Software arbeiten.

Auch für den Kunstmarkt hat die aktuelle NFT-Entwicklung Auswirkungen: Künstler bekommen zusätzliche Möglichkeiten, Ihre Kunstwerke direkt zu verkaufen. Waren bisher Galeristen oder Kuratoren notwendig, um Kunstwerke erfolgreich zu vermarkten und zu vertreiben, können dies nun die Künstler auch selbst übernehmen – vorausgesetzt, sie kennen sich in der digitalen Welt aus und wissen, wie sie eine Personal Brand aufbauen. Über Plattformen wie manifold können digitale Einzelstücke erstellt und mit einem Smart Contract versehen werden. Die Bedeutung von Galeristen oder Kuratoren wird jedoch sicher nicht abnehmen, sondern sich ebenfalls in Richtung NFTs verschieben: So gibt es beispielsweise mit Nifty Gateway eine virtuelle Galerie, in der nur ausgewählte Künstler ihre Drops verkaufen dürfen.

Step-by-Step in das NFT-Universum

Exchange-Börsen und Wallets

Um in die NFT-Welt einzusteigen, benötigen Sie die Kryptowährung Ether und eine Wallet, die Sie mit NFT-Markplätzen und anderen Ethereum-Anwendungen verbinden können.

Ether kaufen Sie bei einer Exchange-Börse. Beispiele für Exchange-Börsen sind Coinbase, Kraken oder Bitpanda – es gibt darüber hinaus noch viele mehr.

TIPP

Für den Anfang empfehlen wir Ihnen auf jeden Fall eine Börse, die ihren Sitz in den USA oder der EU hat und somit nach dem dort geltenden Recht geführt werden muss.

Richten Sie ein Konto bei einer Exchange-Börse ein. Auf das Konto zahlen Sie dann Euro oder Dollar ein und kaufen damit Kryptowährungen, in unserem Fall Ether.

TIPP

Wenn Sie ganz neu in der Krypto-Welt unterwegs sind, probieren Sie den von uns vorgeschlagenen Weg einmal aus, experimentieren und lernen Sie – und setzen Sie dabei immer nur kleine Beträge ein! Die Krypto-Welt kön-

nen Sie nur verstehen, wenn Sie dort tatsächlich unterwegs sind und Ihre eigenen Erfahrungen machen. Betrachten Sie diese Beträge als gut angelegtes Lehrgeld, als Investition in Ihr Wissen.

Im nächsten Schritt transferieren Sie Ether-Guthaben von der Exchange-Börse in Ihre Wallet – dazu gleich mehr.

Mit einem Ether-Guthaben in einer Wallet können Sie auf Marktplätzen wie z.B. OpenSea NFTs erstellen und kaufen. Ihre NFTs werden ebenfalls in Ihrer Wallet gespeichert. Gleichzeitig brauchen Sie Ihre Wallet für Zahlungseingänge in Ether, wenn Sie zum Beispiel NFTs verkaufen.

Dazu muss Ihre Wallet alle Arten von Ethereum-basierten Token unterstützen. Die dafür am häufigsten verwendete Wallet ist MetaMask.

Aber was genau ist eigentlich eine Wallet?

Mit einer Wallet weisen Sie Ihr digitales Eigentum nach. Durch eine Wallet können Sie auf Ihre digitalen Vermögenswerte, seien es Kryptowährungen oder NFTs, zugreifen, zudem können Sie Vermögenswerte von anderen Wallets empfangen oder an andere Wallets senden.

Ihre Vermögenswerte sind allerdings nicht direkt in der Wallet gespeichert, sondern auf der Blockchain. Die Wallet interagiert mit der Blockchain und ermöglicht Ihnen den Zugriff darauf.

Eine Wallet ist daher vergleichbar mit einem Schlüsselbund, der Ihnen den Zugriff zu einem Tresor ermöglicht, in dem Ihre

Vermögenswerte lagern - in der Wallet selber sind Public Adress (Speicherort) und Private Key (Passwort) hinterlegt, mit denen Sie auf die Blockchain zugreifen können, auf der Ihre Vermögenswerte gespeichert sind. Der Begriff "Wallet" ist etwas missverständlich, da es sich nicht um eine Art digitale Brieftasche handelt, in der sich Ihr Vermögen oder Teile Ihres Vermögens, befinden.

TIPP

Der Private Key sollte immer gut geschützt an einem sicheren Ort aufbewahrt werden. Wenn Sie diesen verlieren, haben Sie keinen Zugriff mehr auf Ihr Vermögen. Sollte dieser in die Hände Dritter gelangen, haben diese Personen vollen Zugriff darauf. Vergleichen können Sie dies mit Ihren Zugangsdaten zum Onlinebanking: Erst durch Eingabe des richtigen Passworts können Sie sich zu Ihrem Bankkonto anmelden. Gleichzeitig könnte dies aber genau auch eine andere Person tun, die Ihr Passwort kennt.

Erfahrene User nutzen mehrere Wallets um eine maximale Sicherheit bei der Aufbewahrung zu erreichen.

Welche Arten von Wallets gibt es?

Es gibt verschiedene Arten von Wallets, die ein unterschiedliches Maß an Sicherheit bieten.

Eine **Hot Wallet**, oder auch **Software-Wallet**, basiert auf einer Software, die mit dem Internet verbunden ist. Sie bietet eine hohe Benutzerfreundlichkeit, weil sie auf dem Computer-

Desktop oder einem mobilen Endgerät installiert wird und Sie direkt auf Ihre digitalen Vermögenswerte zugreifen können. Gleichzeitig haben Sie die volle Kontrolle über Ihre Private Keys, die in einem "Single Wallet File" gespeichert sind. Aus Sicherheitsgründen wird diese Datei verschlüsselt und Sie können eine benutzerdefinierte Passphrase verwenden, um darauf zuzugreifen.

Da diese Art der Wallets mit dem Internet verbunden sind, sind sie dementsprechend angreifbar. Ihr Guthaben wird beispielsweise angezeigt, wenn Sie online sind, daher ist gerade bei öffentlichen WLAN-Netzwerken Vorsicht geboten. Zudem kann die Wallet beim Verlust des Computers oder des mobilen Endgeräts gehackt werden.

Zu den Hot Wallets zählen Exchange Wallets (wie Coinbase, Kraken oder Bitpanda) sowie Desktop- oder Mobile Wallets (wie MetaMask).

Cold Wallets sind physische Speichermedien, dazu zählen Paper Wallets oder Hardware Wallets – da diese gar nicht oder nur kurz an einem Computer angeschlossen sind, gelten sie als besonders sicher.

Hardware Wallets werden nur für eine Transaktion mit dem Internet verbunden, sind ansonsten offline und gelten deshalb als sehr sicher. Nur mit den speziell für diesen Zweck hergestellten Geräten und Softwares, kombiniert mit der Eingabe einer PIN bzw. des Private Keys, lässt sich eine Transaktion durchführen. Optisch ähneln solche Geräte beispielsweise einem USB-Stick oder einer externen Festplatte. Die Private Keys werden auf einem kryptographisch gesicherten Hardware-Gerät gespeichert und können nicht in Plaintext gelesen werden. Daher sind Hackerangriffe, selbst wenn ein Computer von einem Virus befallen ist, fast unmöglich. Im Falle eines Defekts der Hardware, haben Sie durch die Eingabe des Seed-Passworts (das bei der Installation der Hardware generiert wird) weiterhin Zugriff auf die Blockchain und die darauf gespeicherten Vermögenswerte. Diese Seed-Phrase sollten Sie, ähnlich wie die der Hot-Wallet, immer gut geschützt und sicher aufbewahren.

TIPP

Um sicherzugehen, dass Hardware Wallets vor dem Kauf nicht in irgendeiner Weise manipuliert wurden, sollten Sie niemals gebrauchte Hardware-Wallets kaufen, sondern stattdessen immer direkt von vertrauenswürdigen Herstellern beziehen. Hardware-Wallets kosten zwischen ca. 50 und 200 Euro. Auch Hardware Wallets müssen sicher verwahrt werden: Bei Verlust oder Diebstahl des Geräts besteht keinerlei Möglichkeit, die Bestände zurückzubekommen.

Eine **Paper Wallet** ist das Pendant zur Hardware-Wallet. Hierfür benötigen Sie aber keine zusätzliche Hardware, da Ihre Wallet offline gespeichert wird. Für die Erstellung benötigen Sie ein Programm, das einen zufälligen öffentlichen und privaten Schlüssel (Public Adress und Private Key) erstellt. Für Bitcoin können beispielsweise bitaddress.org oder bitcoinpaperwallet.com. genutzt werden, für Ether myetherwallet.com. Die Keys werden direkt auf Ihrem Rechner generiert und nicht über das Internet an Sie ausgegeben. Nachdem das Paper Wallet erfolgreich erstellt wurde, können Sie die jeweilige Kryptowährung unter Verwendung der öffentlichen Wallet-Adresse an Ihr Wallet senden. Mit dem Private Key können Transaktionen bestätigt werden. Da Ihre Keys nicht online gespeichert werden, gilt eine Paper Wallet als äußerst sichere Möglichkeit, Kryptowährungen vor Cyber-Angriffen, Malware und Diebstahl zu schützen. Die Paper Wallet können Sie sich aus ausdrucken und sollten Sie – natürlich – sicher und gut geschützt aufbewahren.

Welche Wallet für Sie geeignet ist, lässt sich von diesen Vor- und Nachteilen ableiten: Wenn Sie täglich mit Kryptowährung und NFTs handeln möchten oder Kryptowährung als Zahlungsmittel nutzen wollen, eignen sich die Hot Wallets aufgrund ihrer flexiblen Einsatzmöglichkeiten für Sie. Wenn Sie hingegen hohe Beträge in Kryptowährungen anlegen wollen, sollten Sie sich für eine Cold Wallet entscheiden, die Ihnen die größte Sicherheit bietet.

TIPP

Belassen Sie nur kleinere Beträge Ihres Krypto-Vermögens auf einer Exchange-Wallet. Eine Exchange ist von Natur aus ein "Single Point of Failure". Das heißt, dass es zu einem völligen Systemausfall kommen kann, wenn nur eine Komponente des technischen Systems ausfällt. Verglichen mit anderen Wallets haben Sie bei einer Exchange-Börse nur eine sehr geringe Kontrolle über Ihr Vermögen und verfügen beispielsweise nicht über einen Private Key, der Ihnen Zugriff auf Ihr Ver-

mögen auf der Blockchain ermöglicht und Ihre Transaktionen validiert.

TIPP
Wenn es um hohe Beträge geht, die mit maximaler Sicherheit verwahrt werden sollen, empfehlen wir die Nutzung einer Hardware Wallet. In allen anderen Fällen ist meist eine Software Wallet ausreichend.

MetaMask – Eine Wallet für Ihre NFTs

Im Ethereum-Ökosystem genießt die MetaMask als Hot Wallet aktuell die größte Akzeptanz, um Transaktionen durchzuführen. Mit mehr als 1 Million Usern und der mobilen sowie Web-Nutzung ist es mit der MetaMask sehr einfach und schnell möglich, sich bei den unterschiedlichen Ethereum dApps, NFT-Marktplätzen und bei Krypto-Spielen anzumelden und loszulegen.

MetaMask unterstützt neben ETH auch ETH-basierte Token der Standards ERC-20 oder ERC-721. Sie verbindet sich nahtlos mit jeder Ethereum-basierten dApp, sobald die MetaMask-Wallet als Browser-Erweiterung installiert ist. Mit der MetaMask-Wallet können Sie sich schnell und unkompliziert mit sieben der zwölf größten NFT-Marktplätzen, u. a. bei Opensea, SuperRare und Foundation.app, verbinden.

MetaMask ist eine Erweiterung für Ihren Web-Browser. Die Erweiterung verbindet die MetaMask über die Ethereum-web3-Schnittstelle mit dem JavaScript von Websites, so dass die dApps die Blockchain lesen können. Da MetaMask Ihrem

Browser Funktionalitäten hinzufügt, benötigt es die Erlaubnis, jede Webpage zu lesen und zu beschreiben.

Sie können die MetaMask-Wallet für Chrome, Firefox sowie für die Browser Brave und Edge installieren. MetaMask läuft auf einer Open-Source-Software, die von einer großen Entwickler-Community unterstützt und entwickelt wird. Sie ist recht anfällig für Phishing-Angriffe – abgesehen davon ist die Wallet recht sicher.

Step-by-Step in die NFT-Welt

Step 1 – Wallet bei einer Exchange-Börse einrichten

Step 2 – EUR oder USD einzahlen und Ether (ETH) kaufen

Step 3 – MetaMask-Wallet einrichten

Step 4 – ETH von der Exchange-Wallet in die MetaMask-Wallet übertragen

Step 5 – MetaMask-Wallet mit OpenSea verbinden und erste Schritte auf OpenSea

Step 6 – Ein NFT auf OpenSea kaufen oder darauf bieten

Step 7 – Ein NFT verkaufen

Step 8 – Ein NFT erstellen

Step 1 – Wallet bei einer Exchange-Börse einrichten

Zunächst einmal benötigen Sie eine Wallet einer Exchange-Börse, wie beispielsweise Coinbase, Kraken oder Bitpanda. Darüber hinaus gibt es noch viele weitere, wir empfehlen Ihnen aber für den Anfang, eine Börse zu wählen, die ihren Sitz in den USA oder der EU hat und somit nach dem dort geltenden Recht geführt werden muss.

Step 2 – FIAT einzahlen und Ether kaufen

Zahlen Sie nun den Betrag, den Sie investieren wollen, in FIAT (also Euro, US-Dollar, etc.), ein und kaufen Sie sich damit Kryptowährungen, in unserem Fall Ether (ETH).

Step 3 – MetaMask-Wallet einrichten

Da die meisten NFTs Ethereum-basiert sind, benötigen Sie für den Kauf oder Verkauf von NFT eine Wallet, die eben diese Ethereum-basierten Token unterstützt. Die MetaMask-Wallet ist dafür die gängigste Wallet, die auch von vielen NFT-Markplätzen unterstützt und empfohlen wird.

Neben Ihrem Krypto-Guthaben wird in der Wallet auch Ihr NFT-Besitz gespeichert, ebenso werden hier auch die Zahlungseingänge verbucht, wenn Sie ein NFT verkaufen.

So richten Sie Ihre MetaMask-Wallet ein:

Auf metamask.io können Sie die Wallet downloaden. Klicken Sie auf „Install MetaMask for ...“ und wählen Sie den Browser aus, mit dem Sie die MetaMask nutzen möchten (Firefox, Chrome, Edge, ...).

Klicken Sie dann auf „Eine Wallet erstellen“ und wählen Sie die für Sie passende Datennutzungsbestimmung aus.

Erstellen Sie Ihr persönliches Passwort, wiederholen Sie dies und stimmen Sie den Nutzungsbedingungen zu.

Sie erhalten nun Ihren geheimen Recovery-Schlüssel (Secret Recovery Phrase), der aus 12 willkürlichen Wörtern besteht. Diese Wörter müssen Sie im nächsten Schritt noch einmal in der richtigen Reihenfolge eingeben und bestätigen.

TIPP

Der Secret-Recovery-Schlüssel dient zur Wiederherstellung Ihres Kontos. Notieren Sie sich diesen Schlüssel und bewahren Sie in sicher auf! Falls Sie den Zugriff auf

Ihr Konto verlieren, können Sie nur mit diesem Schlüssel den Zugriff wieder erlangen. MetaMask kann keine Kontowiederherstellungen durchführen. Sorgen Sie zudem dafür, dass der Schlüssel nicht in fremde Hände gerät. Jeder, der Zugriff zu diesem Schlüssel hat, hat auch Zugriff zu Ihrer Wallet!

Glückwunsch! Wenn Sie den Recovery-Schlüssel in der richtigen Reihenfolge eingegeben haben, wurde Ihre Wallet erfolgreich eingerichtet. Danach erhalten Sie von MetaMask nun noch einige hilfreiche Tipps zur sicheren Verwahrung der Secret Recovery Phrase und weitere Informationen und Neuigkeiten.

Die MetaMask ist eine Erweiterung für Ihren Web-Browser, Sie finden die Wallet unter „Erweiterungen“, oben rechts neben der Suchleiste. Darüber können Sie beispielsweise die Währung Ihres Accounts anpassen, Ihre Walletadresse finden (wenn Sie Token transferieren möchten) oder sich auch mit einem NFT-Markplatz verknüpfen.

Step 4 – ETH von der Exchange-Wallet in die MetaMask-Wallet übertragen

Nun müssen Sie Ihre bereits gekauften ETH von der Exchange-Wallet in die MetaMask-Wallet übertragen. Melden Sie sich hierzu zu Ihrem Exchange-Account an und „senden“ Sie den ausgewählten Betrag ETH an Ihre MetaMask-Adresse. Sie finden Ihre MetaMask-Adresse, die aus einer Kombination aus Zahlen und Buschstaben besteht, zentral in

Ihrer Wallet, diese wird über dem Guthaben angezeigt und kann einfach in die Zwischenablage kopiert werden.

Step 5 – MetaMask-Wallet mit OpenSea verbinden und erste Schritte auf OpenSea

In unserem Fall möchten wir uns bei OpenSea.io anmelden. Der Vorgang ist aber bei den meisten dApps ähnlich.

Rufen Sie die Seite OpenSea.io mit dem Browser auf, auf dem Sie Ihre MetaMask-Wallet installiert haben. Wenn Sie parallel die MetaMask-Wallet öffnen, haben Sie die Möglichkeit, diese mit dem OpenSea-Marktplatz zu „connecten". Den Connect-Button finden Sie links neben Ihrer MetaMask-Adresse.

Nach dem erfolgreichen Verbinden haben Sie die Möglichkeit Ihren OpenSea-Account zu bearbeiten. Sie können es personalisieren, indem Sie oben rechts Ihr Profil auswählen und klicken auf „Settings" klicken. Dort können Sie Ihren Namen ändern, einen Lebenslauf, Social-Media-Profile, Homepage oder ein Profilbild und Bannerbild hinzufügen. Hier können Sie auch Ihre Wallet-Adresse sehen. Um Änderungen im Profil vornehmen zu können, müssen Sie eine Sicherheitsabfrage unterschreiben.

In Ihrem Profil werden Ihre Transaktionen angezeigt, also Ihre NFT-Käufe und -Verkäufe, Gebote und auch Ihre selbst erstellten NFTs.

Über die Verbindung zur MetaMask haben Sie Zugriff auf Ihr Guthaben und können nun Transaktionen auf OpenSea durchführen.

TIPP

Sie haben auf OpenSea ebenfalls die Möglichkeit ETH zu kaufen. Dies wird beispielsweise im Zuge eines NFT-Kaufs angeboten. Jedoch werden hier keine Gas Fees (zu denen wir im Laufe des Kapitels noch kommen) eingerechnet. Unterm Strich kauft man daher zu wenig ETH ein, um die Transaktion erfolgreich abschließen zu können. Sinnvoll ist es, einen ausreichenden ETH-Betrag in der MetaMask vorzuhalten, mit dem neben dem Kaufpreis auch die Gas Fees abgedeckt sind.

Nun können Sie sich auf die Suche nach passenden NFTs machen, die Sie kaufen möchten. Sie können das komplette Angebot erkunden (Explore) oder auch gezielt suchen. Auf der linken Seite können Sie über verschiedene Filter die Suchparameter festlegen und beispielsweise festlegen, ob Sie sofort kaufen oder an einer Auktion teilnehmen möchten, den Verkaufspreis eingrenzen, eine Kollektion wählen usw. Über „Stats" können Sie sich das Ranking der NFTs ansehen und herausfinden, welche NFTs gerade sehr beliebt sind.

Auf der NFT-Produktseite finden Sie zu jedem NFT detaillierte Informationen über das Kunstwerk selbst und den Künstler und seine Kollektion. Dazu gehören Angebote von Kaufinteressenten, Gebote, die in einer Auktion platziert wurden und die Preisentwicklung und Historie des NFT. Unter den Details finden Sie darüber hinaus Angaben zur Blockchain, zu verwendeten NFT-Standards, Token-ID, Metadaten und auch die Smart Contract-Adresse.

Step 6 – Ein NFT auf OpenSea kaufen oder darauf bieten

Wenn Sie ein NFT gefunden haben, das Sie kaufen möchten, klicken Sie auf „Buy Now“ und folgen Sie den Anweisungen. Ihre MetaMask-Wallet öffnet sich dann und dort können Sie die Transaktion final freigeben. Sie finden in der MetaMask Angaben über die voraussichtlichen Gas Fees und können diese gegebenenfalls noch editieren – dazu später mehr. Sobald die Transaktion abgeschlossen wurde, können Sie in Ihrer Wallet das gekaufte NFT sehen, in der MetaMask unter „Activity“, in Ihrem OpenSea-Profil unter „Collected“.

Sie können auch ein Angebot für ein NFT abgeben. Dazu wählen Sie „Make an offer“ und geben Sie den Betrag ein, den sie zahlen möchten. Dies ist allerdings nur in WETH (Wrapped Ether) möglich. Bei der ersten Nutzung von WETH fällt eine einmalige Gas Fee an, um die Wallet dafür freizuschalten. Geben Sie nun den Betrag in WETH ein, den Sie zahlen möchten und das Ablaufdatum Ihres Angebotes. Diese Transaktion muss in Ihrer Wallet unterschrieben werden. Der Verkäufer kann nun entscheiden, ob er Ihr Angebot annimmt.

Bei einer Auktion können Sie auf ein NFT bieten. Über „Place a bid“ können Sie Ihr Gebot in WETH platzieren. Neue Gebote müssen immer 5% über dem vorherigen Gebot liegen. Überbietet ein Interessent in den letzten 10 Minuten der Auktion alle anderen Bieter, verlängert sich die Auktion automatisch um weitere 10 Minuten.

Die Transaktionsgebühren (Gas Fees) zahlt bei Festpreis-Verkäufen immer der Käufer, bei Annahme von Kauf-Angeboten oder Auktionen der Verkäufer.

Step 7 - Ein NFT verkaufen

Auf OpenSea können Sie auch verkaufen, entweder Ihre zuvor gekaufen NFTs oder selbst erstellte NFTs.

Damit Sie Ihr erstes NFT verkaufen können, müssen Sie zuerst Ihre Wallet initialisieren. Falls ein NFT, das Sie verkaufen möchten nicht über OpenSea geprägt wurde, ist unter Umständen eine weitere Genehmigung und Unterschrift notwendig. Wenn Sie über eine Auktion verkaufen möchten und Ihre Wallet noch nicht für WETH (Wrapped Ether) freigeschaltet wurde, muss auch dieses vorgenommen werden. Im Zuge dieser Einrichtungen fallen Transaktionsgebühren an, die einmalig zu zahlen sind.

Sobald Sie ein NFT zum Verkauf eingestellt haben, erhalten Sie eine Pop-Up-Bestätigung, mit der Sie dies beispielsweise auf Ihren Social Media-Account bewerben können.

Um ein gekauftes NFT weiterzuveräußern, rufen Sie dieses in Ihrem OpenSea-Profil unter „Collected" auf. Wählen Sie „Sell" aus, um zur Angebotseite zu gelangen. Hier können Sie nun den Preis und die Verkaufsart (Fixed price oder Timed Auction) festlegen.

Die anfallenden Transaktionsgebühren (Gas Fees) zahlt bei Festpreis-Verkäufen immer der Käufer, bei Annahme von Kauf-Angeboten oder Auktionen der Verkäufer.

Bei einem **Festpreis-Verkauf (Fixed Price)** legen Sie den Preis in ETH und den Verkaufszeitraum fest. Über „Weitere Optionen" können Sie mehrere NFT in sogenannten „Bundles" gebündelt verkaufen oder einzelne NFT für einen bestimmten Käufer reservieren. Hierzu müssen Sie die

Wallet-Adresse dieses Users eingeben. Zum Schluss sehen Sie die möglichen Gebühren für den Verkauf. Maximal fallen 12,5% Gebühren an, diese bestehen aus 2,5% Servicegebühr von OpenSea und maximal 10% Schöpfergebühr. Der Verkauf wird schließlich durch Ihre Unterschrift in der Wallet bestätigt. Ein NFT kann maximal 6 Monate zu einem Festpreis angeboten werden.

„Timed Auctions“ bieten Ihnen die Möglichkeit, Ihre NFT an den Höchstbietenden zu verkaufen, im Rahmen einer englischen (Sell to highest bidder) oder holländischen (Sell with declining prices) Auktion (→ Glossar: Dutch Auction). Beide Auktionsformen sind zeitlich auf maximal eine Woche begrenzt, den genauen Zeitraum können Sie wählen.

Die Englische Auktion beginnt mit einem Startpreis. Der Verkaufspreis steigt mit den Geboten und endet, wenn der Höchstbietende den Zuschlag erhält. Endet die Aktion mit einem Verkaufspreis von mehr als 1 ETH, wird der Verkauf automatisch von OpenSea durchgeführt. In diesem Fall übernimmt OpenSea die Gas Fees. Wenn die Auktion bei unter 1 ETH endet, kann der Verkäufer entscheiden, ob er dem Gebot zustimmt. Gebote, die in den letzten 10 Minuten der Auktion gemacht wurden, verlängern die Auktion um weitere 10 Minuten. Sie können zudem einen Mindestpreis (Reserve Price) festlegen. Wenn Sie keine Angebote bekommen, die gleich oder höher dieses Preises sind, wird die Auktion automatisch ohne Verkauf beendet. Der Mindestpreis muss mindestens 1 ETH betragen. Es können dennoch Gebote unter diesem Preis angenommen werden, allerdings mit Berechnung einer Gas Fee.

Bei der Holländische Auktion legen Sie einen Start- und Endpreis fest. Gestartet wird mit dem Startpreis, dem Höchstpreis, der im Zuge der Auktion in regelmäßigen Abständen sinkt. Zuschlag erhält der Bieter, der als Erstes kauft.

Verkäufer können die Auktionen jederzeit abbrechen, müssen dafür allerdings eine Gas Fee zahlen.

Angebote, die Ihnen gemacht wurden, finden Sie in Ihrem Profil unter „Offers".

Sie können ein NFT auch verschenken. Wählen Sie dazu das NFT aus und geben über „Transfer" die Empfänger-Wallet-Adresse ein.

Step 8 - Ein NFT erstellen

Um einen eigenen NFT zu erstellen, wählen Sie in OpenSea „Create" aus. Dort können Sie die Datei auswählen, die Sie als NFT verkaufen möchten. Das kann ein Bild, ein Video, Audio oder auch 3D-Modell sein. Unterstützt werden die Dateitypen JPG, PNG, GIF, SVG, MP4, WEBM, MP3, WAV, OGG, GLB, GLTF. Die maximale Dateigröße ist 100 MB, OpenSea empfiehlt eine Größe von nicht mehr als 40 MB.

Im Folgenden fügen Sie weitere Informationen zu Ihrem NFT ein, die später auf der Produktseite zu sehen sind:

Name – Geben Sie Ihrem NFT einen Namen.

External Link – Fügen Sie einen Link zu Ihrer Website ein, damit die Interessenten mehr über Sie und Ihre Kunst erfahren können.

Descripition – Beschreiben und bewerben Sie Ihr Kunstwerk.

Collection – Fügen Sie das NFT einer Ihrer Kollektionen hinzu (sofern Sie bereits eine Kollektion haben).

Properties, Levels, Stats – Ergänzen Sie Attribute, Eigenschaften und Statistiken (diese Funktionen können Sie nutzen, wenn Sie eine Kollektion erstellen und die Seltenheit bestimmter Attribute kennzeichnen möchten. Lassen Sie sich hier von anderen Künstlern und Kunstwerken inspirieren).

Unlockable Content – Inhalt, den nur Sie als Token-Besitzer sehen können (beispielsweise Nachrichten).

Explicit & Sensitive Content – Hier können Sie Ihr NFT kennzeichnen, wenn Ihr Kunstwerk nicht für Minderjährige oder sensible Zielgruppen geeignet ist.

Supply – Legen Sie eine Limitierung fest (wie viele Kopien Ihres NFT dürfen geprägt und verkauft werden). Standardmäßig ist das Limit bei NFTs auf 1 festgelegt. Es wird also nur ein NFT geprägt.

Blockchain – Hier können Sie entscheiden, auf welcher Blockchain (Ethereum oder Polygon) Ihr NFT geprägt werden soll.

Metadata – Sie können nach Erstellung des NFTs die Metadaten einfrieren. Metadaten sind die Daten, die auf IFPS (InterPlanetary File System, ein dezentrales System zur Datenverwaltung) gespeichert werden. Sie werden nicht auf der Blockchain festgeschrieben und sind somit veränderbar. Dies können Sie mit dem Einfrieren umgehen. Beachten Sie aber, dass auch Sie nach dem Einfrieren die Metadaten nicht mehr verändern können.

Sie haben die Möglichkeit an jedem Erstverkauf und Weiterverkauf Ihres NFT Tantiemen zu verdienen. Voraussetzung ist, dass das NFT auf Ethereum oder Polygon geprägt wird.

Im „Collection Editor“ können Sie die Lizenzgebühren unter „Percentage Fee“ anpassen. Der maximale Satz liegt bei 10 %. Geben Sie Ihre Walletadresse an, damit Ihnen die Tantiemen ausgezahlt werden können. Dies erfolgt in der Regel innerhalb von 2-4 Wochen nach dem Verkauf.

Wenn Sie also ein NFT mit 5% Lizenzgebühren für 1 ETH verkaufen, erhalten Sie 0,925 ETH. Die Servicegebühr in Höhe von 2,5% behält OpenSea. Als Tantieme bekommen Sie später 0,05 ETH ausgezahlt. Sie verdienen damit 0,975 ETH am Erstverkauf. Verkauft der Käufer diese NFT nun für 2 ETH erhalten Sie automatisch 0,1 ETH Tantiemen usw.

Gas Fees

Bei jeder Transaktion, die über die Ethereum-Blockchain abgewickelt wird, fallen Gebühren, die sogenannten Gas Fees, an. Dies sind die Gebühren, die der Nutzer an den Miner zahlt, damit die Transaktion in der Blockchain aufgenommen wird.

Die Menge an Gas, die pro Transaktion benötigt wird, hängt von der Komplexität der jeweiligen Transaktion ab. Eine einfache Überweisung beispielsweise kann bis zu 21.000 Gas verbrauchen, eine komplexere Transaktion hingegen, wie zum Beispiel im dezentralen Finanzwesen, mehr als 1.000.000 Gas. Die Gasmenge bleibt pro Transaktion konstant, die Gaspreise hingegen sind dynamisch.

Gaspreise werden in gwei angegeben und berechnen sich folgendermaßen:

1 ETH entspricht 1.000.000.000 gwei

1 Transaktion zu 21.000 Gas und einem Preis von 5 = 21.000 * 5 = 105.000 gwei (oder 0,000105 ETH)

Gas Fee ist jedoch nicht Gas Fee. Je nach Art und Wichtigkeit der Transaktion, die durchgeführt werden soll, kann eine andere Gas Fee Sinn machen:

„high" – höchste Gebühren und höchste Abwicklungsgeschwindigkeit für zeitkritische Transaktionen wie beispielsweise Swaps oder Drops: Die Transaktionen werden mit der höchsten Wahrscheinlichkeit erfolgreich abgewickelt, da die Miner an dieser Gebühr am meisten verdienen und die Transaktion vorrangig bearbeiten.

„medium“ – mittlere Gebühren und mittlere Abwicklungsgeschwindigkeit: Mit dieser Gas Fee werden normalerweise die meisten Transaktionen erfolgreich abgewickelt.

„low“ – niedrigste Gebühren und niedrigste Abwicklungsgeschwindigkeit für Transaktionen, die nicht zeitkritisch sind: Transaktionen mit dieser Gebühr werden langsamer, unter Umständen auch gar nicht abgewickelt. Miner verdienen bei dieser Gebühr am wenigsten und bearbeiten die für sie lukrativeren Transaktionen priorisiert. Wenn allerdings eine niedrige Transaktionsnachfrage besteht, lässt sich so auch ein Teil der Gebühren einsparen.

Aktuell leistet die Ethereum-Blockchain etwa 15 Transaktionen pro Sekunde. Diese Transaktionszahl ist nicht annähernd ausreichend für die breite Auslegung und Nutzung der Blockchain. Da Ethereum aber immer größere Anwendung findet und im Moment die gängigste Blockchain in der NFT-Welt ist, muss mit Engpässen gerechnet werden.

Das kann auf der einen Seite bedeuten, dass bestimmte Transaktionen nicht oder sehr zeitverzögert ausgeführt werden, weil das Transaktionslimit pro Sekunde ausgeschöpft wurde und sich eine Art Transaktions-Warteschleife bildet. Gerade beim Handel mit volatilen NFTs oder Kryptowährungen muss dies immer im Blick behalten werden, weil es sehr weitreichende, negative Folgen hinsichtlich der Wertentwicklung haben kann.

Auf der anderen Seite könnten die Gas Fees noch weiter steigen. Da Ethereum auf dem kostspieligen Proof of Work-Konzept basiert, wird für jede Transaktion eine hohe Gas Fee erhoben. Diese Gas Fees liegen oft bei 100 – 200$, in peaks können sie auf 300$, teilweise sogar 400$ und höher steigen. Will man in den NFT-Handel einsteigen, müssen diese Gebühren unbedingt berücksichtigt und eingeplant werden. Es macht schließlich einen großen Unterschied, ob man 200$ Gas Fee für ein 50$-NFT oder ein 50.000$-NFT zahlt.

Die Blockchain Solana kann heute bereits 50.000 Transaktionen pro Sekunde leisten. Darüber hinaus basiert sie auf dem Proof of Stake- und Proof of History-Prinzip, was zu einer sehr viel schnelleren und günstigeren Transaktionsabwicklung führt. Solana gilt als High-Speed-Blockchain und größte Konkurrenz für die Ethereum-Blockchain.

Diese Probleme will Ethereum mit der Einführung von Ethereum 2.0 aus dem Weg räumen. Nach Terminverschiebungen ist der Launch aktuell für das 2. Quartal 2022 geplant. Die Transaktionsrate soll damit auf lange Sicht auf 100.000 pro Sekunde gesteigert werden. Durch einen Wechsel zum Proof of Stake sollen auch die Gas Fees gesenkt werden.

TIPP

Seiten, wie beispielsweise ethereumprice.org, helfen dabei, sich einen groben Überblick zu verschaffen, wann die Gas Fees üblicherweise sehr hoch oder sehr niedrig sind. Die dort angezeigte Heatmap verwendet den von gasnow.org angegebenen Standard-Gaspreis (für eine Ethereum-Transaktion, die in unter 5 Minuten abgewickelt wird). Aus den Daten der letzten zwei Wochen wird so die durchschnittliche Gebühr ermittelt und in 1-Stunden-Fenstern dargestellt.

Polygon als Alternative

Sidechains wie Polygon können hier Abhilfe schaffen. Sie arbeiten parallel zur Mainchain, in diesem Fall Ethereum und können Probleme, die dort auftreten (verzögerte Transaktionen oder hohe Transaktionsgebühren), beheben.

Polygon (polygon.technology) ist ein Protokoll und ein Framework für den Aufbau und die Verbindung von Ethereum-kompatiblen Blockchain-Netzwerken. Im Hinblick auf die Ethereum-Blockchain bietet es Interoperabilitäts- und Skalierungslösungen. Es ist mit der Ethereum Virtual Machine (EVM) kompatibel und verwendet eine Brücke zum Verschieben digitaler Assets zwischen Ethereum und Sidechain.

Ziel von Polygon ist es, durch den Einsatz von Layer-2-Sidechains schnellere und kostengünstigere Transaktionen auf der Ethereum-Blockchain zu ermöglichen. Die Sidechain arbeitet parallel zur Mainchain und verfügt über einen eigenen Konsensmechanismus, dem Proof of Stake.

Polygon besteht aus vier Schichten, basierend aus Ethereum, einer Security-Schicht, einer Polygon-Ebene und einem Ausführungslevel. Transaktionen können somit schneller und kostengünstiger ausgeführt werden.

Ähnlich wie ETH bei Ethereum, verwendet das Polygon-Netzwerk den ERC20-Token MATIC für die Bezahlung der Transaktionskosten, für die DAO-Struktur (→ Glossar: DAO - dezentralisierte autonome Organisation) und für das Staking. Zudem kann MATIC auch in den Polygon-basierten dApps verwendet werden.

Das Polygon-Netzwerk lässt sich für die meisten Aktivitäten nutzen, die auch im Ethereum-Netzwerk möglich sind. So können beispielsweise Polygon-basierte NFT über OpenSea gekauft und verkauft werden. Dies allerdings zu einem Bruchteil der Kosten, die durch Gas Fees anfallen.

Sie können Polygon nutzen, indem Sie Ihre Wallet, wie die MetaMask, mit der Polygon-Wallet verbinden und ETH transferieren. Bei dieser Transaktion fallen Gas Fees an, weil es eine Ethereum-basierte Transaktion ist. Danach können Sie innerhalb des Polygon-Netzwerkes Transaktionen durchführen, die mit sehr viel geringeren Gebühren verbunden sind. Über die MetaMask können Sie jederzeit auswählen, ob Sie über das Ethereum-Mainnet bezahlen möchten (mit Gas Fees) oder über das Polygon-Netzwerk. Über diese Anzeige sehen Sie auch Ihre Transaktionen und Assets gesplittet nach Blockchain-Netwerk.

Um auf OpenSea ein Polygon-basiertes NFT zu kaufen, können Sie alle NFTs nach der Chain Polygon filtern. Die weitere Abwicklung funktioniert wie bei Ethereum-basierten NFTs. Falls noch nicht geschehen, müssen Sie vor der ersten Transaktion auf Polygon Ihre Wallet freischalten, ähnlich wie bei der Verwendung von WETH.

Das NFT-Universum

Communities

Discord

Discord (discord.com) ist neben Twitter die wichtigste Informations- und Austauschplattform zum Thema NFT. Es handelt sich um einen Onlinedienst für Instant Messaging, Chats sowie Sprach- und Videokonferenzen. Seinen Ursprung hat Discord im Gaming-Bereich, es aber wird inzwischen vermehrt auch in anderen Bereichen genutzt, um sich mit einer Community zu treffen und auszutauschen. Discord lässt sich unter Windows, macOS, Linux, Android, iOS im Web-Browser verwenden. Nach eigenen Angaben verwenden über 150 Millionen Menschen monatlich in rund 19 Millionen "Servern" den Onlinedienst.

Mit "Server" sind bei Discord Bereiche gemeint, in denen sich die User treffen und zu speziellen Themen austauschen können. Solche Server können kostenfrei erstellt werden, sie können öffentlich gestaltet oder privat gehalten werden. Die Administratoren der Server können Usern bestimmte Rechte und Rollen (roles) zuteilen und Kommunikationskanäle (channels) hinzufügen, auf denen das Thema weiter detailliert werden kann. Durch diese Struktur wird Discord oftmals mehr als Informations- oder Lernplattform und weniger als soziales Netzwerk, wie beispielsweise Instagram oder Facebook, genutzt.

Die Funktionen von Discord sind kostenfrei zu nutzen. Für bestimmte Zusatzleistungen, wie beispielsweise dem schnelleren Versenden von Bildern und Videos, kann ein monatliches Abo abgeschlossen werden. Die Preise beginnen bei umgerechnet rund 5 Euro.

Mit der Zustimmung der Nutzungsbedingungen wird Discord das Sammeln, Verarbeiten und Verkaufen von personenbezogenen Daten erlaubt, zudem auch eine unverschlüsselte Übertragung der Inhalte, die von Discord mitverfolgt und gespeichert werden dürfen. Somit ist Discord nicht DSGVO-konform und dürfte, auch wenn die Leistungen kostenfrei sind, sich für eine Nutzung im kommerziellen Umfeld innerhalb der EU wohl kaum durchsetzen können.

Discord wurde im Jahr 2015 ins Leben gerufen, um eine Antwort zu finden auf die Frage, wie man mit Freunden auf der ganzen Welt kommuniziert, während man Spiele online spielt. Die Idee von Discord ist, dass es ein einladendes und gemütliches Zuhause für Communitys und Freunde bieten soll – mit einer komplexen und zuverlässigen Technologie, die es allen ermöglicht, einfach und unkompliziert an Unterhaltungen teilzunehmen.

Twitter

Twitter (twitter.com) ist neben Discord die wichtigste Informations- und Austauschplattform zum Thema NFT. Twitter ist ein Onlinedienst, über den Menschen in telegrammartigen Kurznachrichten in Echtzeit miteinander kommunizieren und ihre Ansichten und Meinungen in die Welt tragen können. Neben reinen Textnachrichten – ein Tweet ist auf maximal 280 Zeichen begrenzt – können auch

Fotos, Videos oder Links zu anderen Inhalten geteilt werden. Twitter fungiert dabei in erster Linie als Kommunikationsplattform, aber auch als soziales Netzwerk für Privatpersonen, Unternehmen und Organisationen und Prominente.

Twitter wurde im März 2006 von Jack Dorsey, Biz Stone und Evan Williams ins Leben gerufen und war ursprünglich ein Forschungs- und Entwicklungsprojekt zur internen Mitarbeiterkommunikation der Podcasting-Firma Odeo in San Francisco. Heute kann der Onlinedienst über die Website twitter.com oder auch über die App-Anwendung verwendet werden, täglich werden rund 500 Millionen Tweets weltweit gepostet. Ziel von Twitter ist es, Menschen einen freien und sicheren Raum zum Reden zu bieten.

In diesem Jahr war Twitter in der Kryptoszene sehr aktiv und experimentierfreudig: Gründer Jack Dorsey hat Anfang diesen Jahres seinen ersten Twitter-Post als NFT für 2,9 Millionen Dollar versteigert. Der Betrag wurde in Bitcoin getauscht und einer wohltätigen Organisation gespendet.

Ende Juni 2021 brachte Twitter eine eigene NFT-Sammlung auf den Markt, „The 140 Collection" umfasst insgesamt 140 animierte Kunstwerke, basiert auf Ethereum und wurde nach bestimmten Vorgaben an die User über Rarible herausgegeben.

Darüber hinaus möchte Twitter zukünftig auch NFTs innerhalb des Dienstes nutzbar machen. So soll eine Funktion eingeführt werden, die es Inhabern von NFT-Kunstwerken ermöglicht, dieses NFT als Profilbild zu verwenden. Durch das Verbinden von Twitter mit der Krypto-Wallet des Users, in der das NFT gespeichert ist, kann das NFT als Profilbild übertragen und verifiziert werden – durch ein kleines Icon am Rande des Bildes wird das Eigentum der NFT angezeigt werden.

Medium

Medium (medium.com) ist eine Informationsplattform, die auf dem deutschsprachigen Markt noch eher unbekannt ist.

Medium ist eine US-amerikanische Publishing-Plattform, die dem Austausch von Ideen und Wissen dienen soll. Registrierte Nutzer können eigene Beträge verfassen und veröffentlichen, ohne dabei einen eigenen Blog oder eine eigene Website besitzen zu müssen. Nach eigenen Angaben hat Medium über 100 Millionen Leser, die Inhalte zu bestimmten Themen lesen und verbreiten.

Medium existiert seit 2012, es wurde vom Twitter Mitbegründer Evan Williams gegründet als „Ort im Internet, wo Menschen Ideen und Geschichten austauschen, die länger als 140 Zeichen (Twitter hatte damals eine Begrenzung von 140 Zeichen pro Tweet) und nicht nur für Freunde gedacht sind".

Medium ist eine Art Blog, der vielen verschiedenen Autoren Platz und Raum bietet. Die eingereichten Inhalte werden vor der Veröffentlichung von Kuratoren nach bestimmten Richtlinien geprüft. Medium ist in seinen Grundfunktionen kostenlos, durch ein Abonnement kann aber ein unbegrenzter Zugriff auf alle Inhalte freigeschaltet werden.

Marktplätze

OpenSea

OpenSea (opensea.io) ist eine dezentrale Handelsplattform für NFTs. Nach eigenen Angaben ist es der erste und größte Marktplatz dieser Art. Gegründet wurde OpenSea 2017 in New York. Die Angebotspalette der Plattform ist breit gefächert und reicht von Kunst über Musik bis hin zu Sammelkarten.

Auf dem Markplatz können Benutzer NFTs erzeugen, nach NFTs suchen und diese kaufen und verkaufen. OpenSea basiert auf der Ethereum Blockchain und verwendet die NFT-Standards ERC-721 und ERC-1155. Es werden die gängigsten Kryptowährungen akzeptiert, die Kern-Währungen sind ETH/WETH, DAI und USDC. Eine Zahlung mit Nicht-Kryptowährung ist nicht möglich. Um OpenSea nutzen zu können, wird eine Wallet, wie zum Beispiel MetaMask, Coinbase Wallet oder Bitski, benötigt.

Viele namhafte Künstler haben bereits ihre NFT-Kunstwerke auf OpenSea versteigert, darunter Beeple, Banksy oder Takashi Murakami. Auch als Zweitmarkt (secondary market) bietet OpenSea eine Vielzahl an Weiterverkäufen von Werken bekannter und angesagter Künstler.

Für jede Transaktion wird eine Gebühr von ca. 2,5% erhoben, zudem wird eine Gas Fee für die Abwicklung auf der Blockchain fällig. Die Gebühren gehen, je nach Transaktionsart, zu Lasten des Käufers oder Verkäufers (Käufer zahlen bei einem Einkauf zum Festpreis, Verkäufer zahlen, wenn sie einem Angebot zustimmen).

Nifty Gateway

Nifty Gateway (niftygateway.com) ist ein Online-Marktplatz, auf dem hochwertige, limitierte NFT-Kunstwerke verkauft und versteigert werden. Es werden ausschließlich Werke und Kollektionen von Top-Künstlern gehandelt, die exklusiv auf Nifty Gateway erhältlich sind. Die Echtheit der Kunstwerke wird durch ein digitales Zertifikat bestätigt. Unter anderem wurden NFTs von bekannten Künstlern wie Michael Kagan, beeple oder Grimes verkauft. Seit März 2021 besteht eine Partnerschaft zwischen Nifty Gateway und dem britischen Auktionshaus Sotherby's.

Gegründet wurde Nifty Gateway von Duncan und Griffin Cock Foster im Jahr 2018. 2020 erfolgte die Übernahme durch Cameron und Tyler Winklevoss, Gemini Trust LLC. Seitdem gelten für Nifty Gateway die hohen Sicherheitsstandards der New Yorker Treuhandgesellschaft. Es arbeitet mit einer eigenen, gesicherten Wallet, der Nifty Gateway Omnibus Wallet, die den Ansprüchen der Verwahrungstechnologie von Gemini (FIPS 140-2 Level 3 Rating oder höher) entspricht.

Anders als andere NFT-Plattformen, ist Nifty Gateway ein zentralisierter, USD-basierter Marktplatz. Daher kann neben ETH auch mit Debitkarte, Kreditkarte oder Gemini Balance bezahlt werden. Bei jedem Verkauf und Zweitverkauf fallen Lizenzgebühren in Höhe von 5% des Verkaufspreises zzgl. Transaktionsgebühren an. Die Etherium-Gas Fees fallen erst an, wenn die NFT außerhalb von Nifty Gateway verkauft werden. Solange gekaufte NFTs innerhalb der Nifty Gateway

Omnibus Wallet bewegt (gekauft, verkauft oder geschenkt) werden, werden keine Gas Fees fällig. 10% des Weiter-Verkaufspreises gehen an den Künstler.

Der Erstverkauf der NFT-Kunstwerke findet in zeitlich begrenzten "Drops" statt. Danach können die Kunstwerke auf dem Nifty Gateway-Markplatz gehandelt werden. Für den Markplatz werden nur NFTs zugelassen, deren Erstverkauf über Nifty Gateway stattfand.

Rarible

Rarible (rarible.com) ist eine Plattform, auf der mit NFTs gehandelt werden kann. Sie ist nach OpenSea die zweitgrößte Plattform und weltweit die erste, die von der Community besessen wird und einen eigenen Token, den RARI-Token, besitzt. Gegründet wurde Rarible Anfang 2020 in Moskau. Die Plattform ist fokussiert auf digitale Kunst, bietet aber auch weitere Assets.

Rarible basiert auf der Ethereum-Blockchain und verwendet den NFT-Standard ERC-721. Als Währung wird ETH/WETH akzeptiert. Um Rarible nutzen zu können, wird eine Wallet, wie zum Beispiel MetaMask, Coinbase Wallet oder Torus benötigt.

Rarible bietet sich für Künstler besonders deshalb an, weil sie Einzelstücke ihrer Werke (wie Bücher, Musik und Filme) zu einem höheren Preis verkaufen können, als beispielsweise über Musikbörsen. Ebenso können die Künstler ihren Fans einen Vorgeschmack auf kommende Veranstaltungen geben und diesen monetarisieren.

Rarible lebt seit seiner Gründung das Comunity-Governance-Modell und will sich in Zukunft zu einer DAO-Plattform (→ Glossar: DAO - dezentralisierte autonome Organisation) weiterentwickeln. Damit die User zukünftig sämtliche Entscheidungen treffen und darüber abstimmen können, wurde der RARI-Token eingeführt, der als Entscheidungsmittel dienen soll. Mit diesem Token werden vor allem die aktiven Nutzer belohnt, je mehr RARI ein User besitzt, desto mehr Rechte hat er, an der Gestaltung und Zukunft der Plattform mitzuwirken.

Darüber hinaus bietet Rarible auch sogenannte yNFTs an: NFT-basierte Versicherungen.

SuperRare

SuperRare (superrare.com) ist ein Peer-to-Peer-Marktplatz für NFT-Kunstwerke. Die Plattform ist spezialisiert auf das Kuratieren von exklusiven Kunstwerken ausgewählter Künstler auf Auktionsbasis und befindet sich noch in der Early-Access-Phase. SuperRare wurde im Jahr 2017 gegründet, der komplette Launch ist für 2022 geplant.

SuperRare basiert auf der Ethereum-Blockchain und verwendet den NFT-Standard ERC-721. Für die Nutzung wird eine Ethereum-Wallet benötigt, SuperRare empfiehlt den Nutzern die MetaMask. Transaktionen werden über ETH abgewickelt. Für alle Käufe fällt eine einfache Transaktionsgebühr von 3% für den Käufer an, hinzu kommen die Gas Fees der Ethereum-Blockchain. Für Künstler und Schöpfer bietet SuperRare eine attraktive Provisionsregelung, das „Commission and Royalty“ Programm, an, in dem neben dem Erstverkauf des Kunstwerkes auch bereits eine Provision für den Zweitverkauf berücksichtigt ist.

SuperRare setzt dabei auf ein starkes soziales Netzwerk und vermarktet sich unter dem Slogan „Instagram meets Christies". Ähnlich wie auch rarible.com, entwickelt sich SuperRare zu einer DAO-Plattform (→ Glossar: DAO – dezentralisierte autonome Organisation), bei der die User über die SuperRare-Kurationstoken RARE und SuperRare 2.0 die Zukunft des Marktplatzes mitgestalten können.

Foundation

Foundation (foundation.app) eine dezentrale Peer-to-Peer-Plattform, auf der NFT-Kunstwerke in 24-stündigen Live-Auktionen versteigert werden. Bei dieser Plattform benötigen Künstler, die ihre Werke auf Foundation versteigern möchten, eine Einladung von Künstlern, die bereits Auktionen durchgeführt haben. Zwei der bekanntesten Versteigerungen von Foundation waren die NFTs von Edward Snowden oder des „Destaster-Girls" Zoe Roth. Gelaunched wurde Foundation im Februar 2021.

Foundation basiert auf der Ethereum-Blockchain. Um an den Auktionen teilnehmen zu können, ist eine MetaMask-Wallet nötig. Die Anmeldung in der Wallet über Foundation reicht bereits aus, es ist kein zusätzliches Foundation-Konto notwendig. Transaktionen werden in ETH abgewickelt. Für den Käufer fällt beim Kauf eines Kunstwerkes nur die Gas Fee an, aber keine weiteren Gebühren. Künstler, die auf Foundation ein NFT erstellen, erhalten 85% des Verkaufs-preises. Zudem ist im Smart Contract festgelegt, dass beim Weiterverkauf auf

Foundation, OpenSea oder Rarible dauerhaft 10% Lizenzgebühr an den Künstler fließen.

Manifold

Manifold (manifold.xyz) ist ein Onlinedienst, über den Künstler ihre eigenen NFT-Kunstwerke prägen und einen indvidiuellen, an den Verwendungszweck angepassten Smart Contract erstellen können. Die Künstler überblicken dabei den gesamten Prozess und behalten das volle Eigentum an ihren Werken.

Die NFTs können nach dem Ethereum Standards ERC-721 oder ERC-1155 geprägt werden und sind mit den wichtigsten NFT-Plattformen, wie OpenSea, Foundation, Nifty Gateway, Rarible oder SuperRare kompatibel.

Manifold bereitet den Smart Contract automatisch für den Künstler vor, welcher nach der Bereitstellung durch das Hinzufügen sogenannter „Apps" weiter angepasst und individualisiert werden kann. Dabei handelt es sich um verschiedene, codebasierte Funktionen (wie Airdrops, Redemtions, Mutations-on-Transfer oder Royalities). Ein Beispiel hierfür ist Lost Poets, ein NFT-Sammel- und Strategiespiel von Pak. Den treuesten Mitgliedern der Pak-Community wurde durch das Hinzufügen einer bestimmten Funktion bei der Prägung einer Lost Poets-Münze ermöglicht, ebendiese Münze eine Stunde vor allen anderen zu erwerben zu können. Beispielsweise kann so auch gesteuert werden, welche Käufer welche Version eines Kunstwerkes erhalten.

Neben Krypto-Künstlern nutzen auch einige Prominente, wie zum Beispiel Jay-Z, Manifold. Nach eigenen Angaben verwenden zurzeit weniger als 100 Künstler Manifold, haben aber bereits zusammen mehr als 150 Millionen Dollar mit dem Verkauf von NFTs umgesetzt.

Die Tools von Manifold wurden für Ethereum entwickelt. Ziel ist es, dass Manifold unabhängig von der Ethereum-Blockchain wird und seine Dienste ebenfalls für andere Blockchains anbieten kann. Darüber hinaus möchte Manifold eine Methode zur Abfrage von Lizenzgebühren standardisieren, mit der sichergestellt werden soll, dass Künstler die in ihren Verträgen festgelegten Lizenzgebühren wirklich erhalten.

Digitale Welten

Decentraland

Decentraland (decentraland.org) ist eine virtuelle Welt, die auf der Ethereum-Blockchain basiert. Nutzer können in Genesis City, der Stadt im Decentraland, Grundstücke kaufen, bebauen und monetarisieren. Decentraland von Ari Meilich ging 2010 an den Start.

Decentraland besteht aus einer einzelnen Metaverse-Ebene mit insgesamt 90.621 einzelnen Parzellen (LAND), jedes LAND wird durch einen ERC-721 NFT repräsentiert, ist genau 16x16 Quadratmeter groß und durch Koordinaten festgelegt. LAND kann über OpenSea.io gekauft werden. Decentraland besitzt eine eigene Währung, den ERC-20 Token MANA.

Die virtuellen Grundstücke oder Immobilien gehen mit dem Kauf des Token komplett in das Eigentum des Käufers über. Neben dem Erwerben und Bebauen von virtuellen Grundstücken können die Nutzer zum Beispiel Auto fahren, einkaufen gehen oder ein eigenes Unternehmen gründen. Auf dem Marktplatz können die Nutzer ihre LAND-Token, Zubehör, Ware und Dienstleistungen über ihre Avatare eintauschen.

Decentraland konzentriert sich vor allem auf Veranstaltungen und das Zusammenkommen und Netzwerken. Darüber hinaus findet man in Decentraland auch einige Krypto-Kunstgalerien, in den Künstler ihre Kunstwerke ausstellen.

Decentraland verwendet eine DAO-Struktur (→ Glossar: DAO - dezentralisierte autonome Organisation) für die wietere Entwicklung der Plattform. Die Inhaber von MANA-Token haben die Kontrolle darüber, wie sich die Welt von Decentraland verhält: Indem sie Richtlinien-Updates vorschlagen und über Besonderheiten bezüglich kommender LAND-Auktionen abstimmen, nehmen sie direkten Einfluss auf die Inhalte und Aktionen, die in Decentraland erlaubt sind.

CryptoVoxels

CryptoVoxels (cryptovoxels.com) ist eine virtuelle Welt, die auf der Ethereum-Blockchain basiert.

Es ist ein von Minecraft inspiriertes Projekt von Ben Nolan, einem neuseeländischen Unternehmer. CryptoVoxels wurde 2018 gestartet.

CryptoVoxels besteht aus einer einzelnen Metaverse-Ebene, die ungleichmäßig in verschiedene Inseln und Grundstücke unterteilt ist. Die Hauptstadt ist Origin-City. Die Welt wird regelmäßig um weitere Grundstücke und Inseln erweitert. Jedes Grundstück hat eine andere Größe und Beschränkung. Immobilien können über OpenSea gekauft und verkauft werden.

Im Gegensatz zu anderen virtuellen Welten besitzt CryptoVoxels keine eigene Währung. Aktuell kosten die günstigsten Grundstücke ca. 1 ETH, einzelne Parzellen im Zentrum werden mit mehreren Millionen Dollar gehandelt.

In CryptoVoxels haben sich zahlreiche NFT-Künstler und Kunstgalerien niedergelassen. Zudem finden hier viele Veranstaltungen statt, auf denen sich die Kunst-Community trifft.

Besichtigt werden kann Origin City auch ohne eine Wallet. Besucher können sich in der Stadt umsehen und so ein Gefühl für das Metaverse und das, was dort möglich ist, bekommen. Und die Möglichkeiten scheinen schier endlos zu sein: Konzerte und Veranstaltungen besuchen, shoppen gehen, Freunde treffen und vieles mehr.

Somnium Space

Somnium Space (somniumspace.com) ist eine virtuelle Welt, die auf der Ethereum-Blockchain basiert.

Eröffnet wurde die Welt am 20.02.2020 und erinnert in seiner Aufmachung an das Spiel „The Sims". Der Sitz von Somnium Space ist in Prag.

Somnium Space besteht aus einer einzelnen Metaverse-Ebene, die ungleichmäßig in verschiedene Parzellen unterteilt ist. Jedes Grundstück hat eine andere Größe und Beschränkung. Die Welt wird regelmäßig um weitere Grundstücke erweitert. Diese können über OpenSea gekauft und verkauft werden. Die virtuelle Welt besitzt eine eigene Währung, den ERC-20-Token CUBE.

Somnium Space ist für seine besonders gute Grafikqualität bekannt. Es ist auf High-End-Geräte fokussiert. Um die virtuelle Welt entdecken und erleben zu können, wird ein VR-Headset benötigt.

Die Community ist aktuell noch recht klein, gilt aber als gut vernetzt. Neben Kunstgalerien findet man hier auch privat genutzte Grundstücke. Somnium Space wird als das „virtuelle Beverly Hills" bezeichnet, da sich hier auch viele Prominente niedergelassen haben.

The Sandbox

The Sandbox (sandbox.game) ist eine virtuelle Welt, hinter der sich ein rund 100-köpfiges Team mit 15 Jahren Erfahrung in der Gaming-Szene verbirgt. Die virtuelle Welt Sandbox ist eine Neuauflage des erfolgreichen Spiels Sandbox aus dem Jahr 2012. Basierend auf der Ethereum-Blockchain soll eine 3D-Multiplayer-Plattform entstehen, in der die Spieler ihre Spielerfahrungen aufbauen, besitzen und monetarisieren können.

The Sandbox besteht aus einer einzelnen Metaverse-Ebene, die gleichmäßig in Raster unterteilt ist. Jede Parzelle hat die gleiche Größe. Mehrere Parzellen können zusammengefügt werden, um Siedlungen und Orte zu erstellen. Vorerst soll nur ein Teil der Sandbox-Welt mit der Eröffnung verfügbar werden. Die Welt soll regelmäßig um weitere Grundstücke und Inseln erweitert werden. Grundstücke können über OpenSea gekauft werden.

Auch The Sandbox verfügt über eine eigene Währung, den ERC-20 Token SAND.

RTFKT

RTFKT (rtfkt.com, ausgesprochen ARTEFAKT) ist die weltweit erste Modemarke, die ihre Produkte nicht nur physisch, sondern auch digital vertreibt. Jeder der limitierten und von RTFKT designten Sneaker wird mit einer digitalen Ausführung verkauft. Der Käufer bekommt also nicht nur den physischen Schuh, sondern auch das digitale Abbild in Form eines NFTs. Diese digitale Kopie ermöglicht es den Käufern, den Sneaker sofort weiter zu verkaufen, zu tauschen oder zu verschenken. Das NFT kann gegen den physischen Schuh eingelöst werden.

RTFKT veröffentlicht in sogenannten „Drops" seine limitierten Editionen, bei denen rund 40 Paar Sneaker gekauft werden können. Ist der Drop ausverkauft, wird der Sneaker nicht mehr produziert. Die Preise pro Sneaker reichen von 300 bis zu 3.000 USD.

Darüber hinaus erstellt RTFKT regelmäßig Sneaker-Kollektionen, die auf bekannten NFT-Kunstwerken, wie zum Beispiel den CryptoPunks, basieren. Inhaber dieser NFTs sind durch den Besitz des Tokens dazu berechtigt, diese Sneaker für sich abzurufen und produzieren zu lassen.

RTFKT nutzt für seine NFT-Sneaker die WAX-Blockchain.

Ein Blick in die Zukunft: Web3 und das Metaverse

Sind NFTs bloß ein Hype oder steckt in der Idee nicht viel mehr Substanz, als man auf den ersten Blick vermuten könnte?

Da wir ein Buch zu diesem Thema gemacht haben, sind wir natürlich davon überzeugt, dass es sich bei NFTs um alles andere als eine kurzlebige Modeerscheinung handelt.

Wobei es gut möglich ist, dass vereinzelt Blasen platzen werden, wenn das Angebot größer wird und zunehmend Spekulanten einsteigen.

Wir sind überzeugt, dass es drei wesentliche Argumente sind, die miteinander in Verbindung stehen und die für die Nachhaltigkeit der NFT-Idee sprechen:

1. Unsere physische und unsere digitale Welt verschmelzen immer weiter – und sie beeinflussen und verändern sich gegenseitig. Die physische Welt wird zunehmend mit Informationen aus der digitalen angereichert (Augmented Reality) und die physische Welt wird in der digitalen abgebildet (Digitaler Zwilling) – mit dem Ziel, dass sich der Zwilling im digitalen Raum exakt so verhält wie sein physisches Pendant.

2. NFTs entsprechen der menschlichen Psyche, sie bedienen Bedürfnisse nach Individualität und Status. Damit ermöglichen sie Dynamiken in der digitalen Realität, wie sie in der physischen schon ewig existieren, wie zum Beispiel der Besitz des Originals in der Kunst.

3. Das Web 2.0 mit seinen marktbeherrschenden Plattformen stößt an seine Grenzen. Das Web wird dezentralisiert durch Anwendungen, die auf Blockchain-Technologien aufbauen.

Wenn man diese drei Entwicklungsstränge verbindet, entsteht eine digitale Welt, in der wir nicht mehr mit Klarnamen und Echtporträts, sondern mit Pseudonymen unterwegs sein werden – wir schaffen uns Avatare, die im digitalen Raum miteinander interagieren.

In einem dezentralen, auf Blockchain-Technologien aufbauenden Netz erscheint das geradezu zwingend, denn alle Transaktionen sind auf der Blockchain öffentlich einsehbar – sie finden jedoch zwischen Wallets und nicht zwischen Individuen statt.

Und je ähnlicher die digitale der physischen Welt wird, desto mehr nähern sich auch die Verhaltensweisen der Akteure (Avatare) einander an.

Für diese Entwicklungen gibt es auch schon die entsprechenden Buzzwords: Web3 und das Metaverse.

Web3 – das nächste Level des Internets

Für den Begriff Web3 kursieren aktuell im Wesentlichen zwei Definitionen, die sich zwar stark unterscheiden, aber nicht im Widerspruch zueinanderstehen.

Der Begriff Web3 wurde vom Erfinder des World Wide Web, Tim Berners-Lee, geschaffen. Durch den Einsatz von KI-Technologien wird im Web3 zu den nutzergenerierten Inhalten des Web 2.0 auch die Verknüpfung von Bedeutungen hinzugefügt.

Parallel ist mit Web3 die Dezentralisierung des World Wide Webs gemeint, insbesondere durch den Einsatz von Blockchain-Technologien. Sie soll großen Plattformen und Banken die Macht entziehen bzw. sie überflüssig machen und dem Einzelnen die Kontrolle zurückgeben.

Das Social Web ist geprägt von direkten sozialen Interaktionen, die auf Plattformen stattfinden. Wer zum Beispiel auf Ebay etwas von einem anderen Nutzer kauft, ist dabei auf die Abwicklung der Geschäfte durch die Plattform angewiesen. Da die Nutzer sich in aller Regel nicht kennen und sich daher auch nicht vertrauen können, wird die Transaktion durch die Plattform sichergestellt.

Plattformen machen das Leben der Nutzer leicht und bequem, sie haben jedoch die volle Kontrolle über die Daten des Nutzers. Sie können ihre eigenen Regeln aufstellen und bestimmen, wer wann welche Dienstleistung nutzen darf und wer was genau zu sehen bekommt.

So werden wichtige Teile des Internets mittlerweile von zentralisierten Diensten gestellt: Internet-Service-Provider, Domain-Name-System, Suchmaschinen, E-Mail, Web-Hosting, soziale Medien oder die Cloud – alle diese Services laufen auf einer begrenzten Zahl von Servern, die von einer Handvoll sehr großer Unternehmen kontrolliert werden.

Nutzer haben keinen Zugriff mehr auf wichtige Funktionen, wenn Server ausfallen. Die Betreiber der Server können theoretisch unbemerkt und ohne Zustimmung die Daten von Nutzern verkaufen oder an Regierungen herausgeben. Zensur und die priorisierte Ausspielung von Inhalten sind dank der mittlerweile zentralisierten Struktur des Internet ebenfalls wesentlich einfacher.

In einem dezentralen Internet würden das System selbst und Dienste nicht von einigen wenigen Unternehmen oder Organisationen betrieben. Stattdessen würden alle Nutzer und ein Netzwerk unabhängiger Rechner und Server das Netzwerk betreiben.

Der Übergang vom plattformgetriebenen zum dezentralen Web hat in kleinen Schritten bereits begonnen. Jedoch haben auch zentralisierte Systeme Vorteile: Sie sind schneller und einfacher zu bedienen. Insofern ist nicht damit zu rechnen, dass das Netz irgendwann komplett dezentral organisiert sein wird.

Metaverse

Das Metaverse ist eine Ausprägung des Web3, es ist ein gemeinsam genutzter, virtueller Raum, in dem die Grenzen zwischen der physischen und der virtuellen Welt verschwimmen.

Das Metaverse umfasst die digitale Welt ebenso wie die physische, private Netzwerke ebenso wie öffentliche und offene Plattformen ebenso wie geschlossene.

In Teilen existentiert es bereits in Form von virtuellen Welten wie Decentraland oder Cryptovoxels. Im Metaverse verbinden sich diese vereinzelten Welten zu einem virtuellen Universum. In diesem Universum können die User in digitalen Städten leben, sich treffen und austauschen, aber auch Immobilien kaufen, arbeiten und einkaufen.

Im Web 2.0 surft man mit Tastatur und Maus passiv im Internet, im Web3 hingegen taucht man in das Metaverse ein und bewegt sich als Avatar, als digitales Ich, aktiv im virtuellen Raum.

Der Begriff Metaverse wurde im Science-Fiction-Roman "Snow Crash" von Neal Stephenson 1991 erstmalig erwähnt – der Autor beschrieb das Metaverse als eine globale virtuelle Realität, in der sich Menschen als Avatare bewegen.

Das Metaverse hat seine eigene Wirtschaft. Firmen und Individuen können investieren, kaufen, verkaufen und innerhalb des Metaverse Geld für ihre Arbeit erhalten. Dieses Geld in Form von Kryptowährungen kann wiederum in die Standard-Währungen der physischen Welt getauscht werden – auch hier verschmelzen digitale und physische Welt.

Digitale Objekte sind innerhalb des Metaverse austauschbar. Digitale Inhalte, Assets oder Gegenstände können auch Plattform überschreitend in anderen Kontexten genutzt werden.

Alles, was in der physischen Welt getan werden kann, soll auch in der digitalen Welt gemacht werden können. Kaufen wir uns beispielsweise physische Sneaker oder Handtaschen und tragen diese zu einem Geschäftstermin, können wir im Metaverse in einem virtuellen Shop unsere Avatare mit den digitalen Pendants für ein virtuelles Geschäftsmeeting ausstatten.

In einer digitalen, pseudonymisierten Umgebung kann sich die kommerzielle Nutzung und das gesamte Potenzial von Kryptowährungen und NFT voll entfalten. So kommen bereits heute im Decentraland, bei OpenSea oder CryptoVoxels Smart Contracts in Form von NFTs zum Einsatz, die eine sichere und nachvollziehbare Abwicklung beim Kauf, Verkauf und Handel mit digitalen Grundstücken oder Kunstwerken ermöglichen.

Eine ganze Reihe starker Indizien spricht also dafür, dass Non-Fungible Token, Kryptowährungen und Blockchain-Technologien kein kurzlebiger Hype sind. Ganz im Gegenteil, dieser Teil unserer Zukunft hat vermutlich gerade eben erst begonnen.

NFT-Glossar

Airdrop

Unter einem Airdrop versteht man eine in der Regel kostenfreie Verteilung von digitalen Assets wie Kryptowährungs-Token oder Coins an die Öffentlichkeit. Dieses Verfahren wird häufig als Marketinginstrument eingesetzt und hat als Ziel, Aufmerksamkeit für die ausgegebenen Assets zu erregen und die Marke sichtbar zu machen. Ebenso können mit einem Airdrop die Inhaber des Assets diversifiziert werden. Oftmals wird ein Airdrop aber auch zur Belohnung treuer Kunden eingesetzt, wie beispielsweise bei Binance oder Ethereum ENS.

Generell gibt es zwei Airdrop-Varianten: Bei einem automatisierten Airdrop werden Token-Geschenke an zufällig ausgewählte Wallet-Adressen gesendet. Der Nutzer erhält diese ohne eigenes Zutun. Oftmals ist die Verteilung aber auch mit dem Besitz bestimmter Coins oder Token verbunden. In dem Fall wird der Nutzer für den Besitz belohnt.

Bei einem manuellen Airdrop muss der Nutzer aktiv werden. Manuelle Airdrops findet man auf Seiten wie beispielsweise airdrops.io. Diese sind mit Aktionen verbunden, die der Nutzer ausführen muss, wie dem Teilen eines Beitrages auf bestimmten Social Media-Kanälen oder dem Beitreten der entsprechenden Community.

DAO – dezentralisierte autonome Organisation

Auf einer Blockchain aufgebaute Unternehmen oder andere Organisationen, die ohne hierarchisches Management funktionieren.

dApp – Decentralized Apps

Projekte wie Ethereum, EOS und ähnliche Plattformen haben das Ziel, Anwendungen zu dezentralisieren. dApps bewahren Nutzerdaten an mehreren Orten und nicht nur auf einem Server sicher auf.

Wenn Smart Contracts, eine Kryptowährung, eine Blockchain und eine App zusammen eingesetzt werden, ist das Ergebnis eine dApp.

dApps funktionieren ähnlich wie herkömmliche Apps, unterscheiden sich jedoch darin, wie sie Anreize für ihre Nutzer schaffen und in der dezentralen Datenspeicherung.

Bei dApps befindet sich die Infrastruktur der Anwendung in der Blockchain – somit kann die Anwendung von allen Nutzern eingesehen werden.

DeFi – Decentralized Finance

Dezentrale Finanzen, oder kurz DeFi, ist ein Sammelbegriff für klassische Finanzdienstleistungen, wie man sie aus dem Bankwesen kennt. Diese Dienstleistungen werden über Blockchains – hauptsächlich Ethereum und Smart Contracts – abgebildet.

Klassische Finanzkonzepte und -produkte werden so in die Welt von Kryptowährung und Distributed Ledger Technologie (→ Glossar: Public Ledger) übertragen.

DeFi deckt einen großen Teil der Leistungen von Banken ab, kann aber Transaktionen schneller abwickeln, weil keine Formalitäten und Drittparteien beteiligt sind.

Das DeFi wird in der Regel über sogenannte dezentralisierte Apps (→ Glossar: dApps) genutzt, die überwiegend ebenfalls auf der Ethereum-Blockchain basieren. Für die Verwendung dieser dApps ist, anders als bei traditionellen Banken, kein Antrag oder Kontoeröffnung notwendig.

Ziel ist ein dezentralisiertes, transparentes Finanzsystem, das im Gegensatz zum klassischen Finanzmarkt ohne Intermediäre wie Banken, Versicherer oder Börsen auskommen kann.

Das Potenzial von DeFi liegt darin, offene und kostenfreie Finanzmärkte zu erschaffen, die gerechter als die klassischen Finanzmärkte arbeiten.

Da nur eine Internetverbindung benötigt wird, findet jeder Zugang zu diesen Finanzmärkten. Interaktionen können vom jedem direkt, global und peer-to-peer (von Person zu Person) abgewickelt werden.

Wichtiger Bestandteil der DeFi sind Smart Contracts (→ Glossar: Smart Contracts). Darin werden selbstausführbare und selbstdurchsetzbare Vertragsbedingungen programmiert, die sichere und nachverfolgbare Transaktionen gewährleisten.

Digitale Signatur

Eine Zeichenkette, die ein Nutzer für ein Dokument mit seinem privaten Schlüssel erzeugt.

Wer über den dazugehörigen öffentlichen Schlüssel, die Signatur und das Dokument verfügt, kann verifizieren, dass das Dokument vom Eigentümer mit seinem privaten Schlüssel "signiert" wurde und dass es nach der Signatur nicht verändert wurde.

Drop

Ein Drop ist die Veröffentlichung eines NFTs. Ein Drop wird definiert durch einen festgelegten Zeitraum (Datum und Uhrzeit), dem Prägepreis und eventuelle Kauflimits (wie viele NFT pro Transaktion maximal geprägt werden können).

Die Nachfrage bei Drops ist gerade bei bekannten Marken oder Künstlern in der Regel sehr hoch. Die Drops werden im Vorfeld stark beworben und unterliegen oft auch einem gewissen Hype. Plattformen wie Nifty Gateway nutzen solche Drops, um neue Kunstwerke zu vermarkten – beispielsweise werden die NFTs zu einem festgelegten Preis für nur 5 Minuten zu Kauf angeboten.

Drops bieten eine gute Möglichkeit, um Geld zu investieren. Viele der gedroppten NFTs, gerade die von bekannten Marken und Künstlern, gewinnen mit der Zeit an Wert, manche schneller, andere langsamer. Um mit dem NFT erfolgreich zu handeln, ist es wichtig, sich im Vorfeld über den Künstler bzw. das Kunstwerk zu informieren und auch die mögliche Wertentwicklung (wie einen Hype um den Drop) zu berücksichtigen.

Über anstehende Drops kann man sich über verschiedene Plattformen, wie zum Beispiel nftcalendar.io oder dem Twitter-Kanal @NFTDrops informieren.

Dutch Auction

Die Dutch Auction (zu Deutsch: holländische Auktion) ist eine Rückwärtsauktion. Sie wurde ursprünglich entwickelt, um verderbliche Ware zu verkaufen.

Der Verkäufer gibt einen Startpreis für den zum Verkauf stehenden Artikel vor. Dieser Preis sinkt in regelmäßigen Abständen um einen festen Betrag. Der Kaufinteressent, der als erster zustimmt, erhält den Zuschlag für den jeweils aktuellen Preis. Je länger die Auktion andauert bzw. die Kaufinteressenten abwarten, desto niedriger wird der Verkaufspreis.

Weil der erste zustimmende Kaufinteressent den Zuschlag erhält, können andere Interessenten nicht darauf reagieren – auf diese Weise sind Bietergefechte ausgeschlossen und es kann sehr schnell verkauft werden.

Auch in der NFT-Welt wird das angebotene NFT am Anfang einer Dutch Auction mit einem Startpreis versehen. Im Laufe der Auktion sinkt der Preis in regelmäßigen Abständen um einen festen Betrag (z.B. 1 ETH alle 10 Minuten). Zum Schluss erreicht der Preis den Tiefpreis, den niedrigsten Wert.

Der Preis bezieht sich dabei auf das Minting (→ Glossar: Minting), dem Prägen des NFT. Wenn ein Käufer einem Preis zustimmt, also die Minting-Transaktion einleitet, kann in der Zeit bis zur Transaktionsbestätigung der Preis weiter sinken.

Dem Käufer wird automatisch der Preis berechnet, der bei der Transaktionsbestätigung vorliegt.

Im Gegensatz zu einer Dutch Auction wird bei einer normalen Auktion das NFT zum Höchstgebot verkauft. Der Verkäufer setzt einen Startpreis fest und die Käufer bieten mit steigenden Geboten auf das Kunstwerk.

Der Vorteil einer Dutch Auction besteht darin, dass der Verkäufer aufgrund des Rückwärtsverfahrens einen höheren Startpreis festlegen kann als bei einer normalen Auktion. Der Verkaufspreis der erzielt wird, kommt somit komplett dem Künstler zu Gute. Ein weiterer Vorteil ist, dass sogenannte Gaskriege verhindert werden können, weil die Miner mit den üblichen Gebühren belohnt werden.

ERC-Standards

ERC-20

Der im Ethereum-Ökosystem am weitesten verbreitete Token-Standard heißt ERC-20. ERC steht für „Ethereum Request for Comments". ERC-20 ist ein Standardprotokoll, das die Regeln und die Funktionsweise eines Smart Contracts auf der Ethereum Blockchain vorgibt.

Der Token-Standard besteht auf insgesamt 6 Funktionen und 2 Ereignissen. Die Funktionen beschreiben, wie Token übertragen und wie auf tokenbezogene Daten zugegriffen werden kann. Die Ereignisse hingegen enthalten Formatierungsrichtlinien für Übertragungen und Genehmigungen.

Die Standardisiserung gibt Entwicklern die Garantie, dass sich die Assets auf eine bestimmte Art und Weise verhalten und beschreibt genau, wie man mit den Grundfunktionen der Assets umgeht.

Im Bereich von NFT haben sich zwei Hauptstandards etabliert.

ERC-721

wurde von KryptoKitties entwickelt und war die erste Darstellung nicht-fungibler digitaler Assets. Die Übertragung eines Assets erfolgt mit Hilfe einer transferFrom Funktion, sie benötigt 3 Parameter: Adresse des Verkäufers – Adresse des Käufers – Token-ID.

ERC-1155

ist ein Projekt des Enjin-Teams, das die Idee der Sammel-Fungibilität in die NFT-Welt bringt. Mit ERC-1155 repräsentieren IDs nicht einzelne Assets, sondern Klassen von Assets. Diese Funktion benötigt 4 Parameter:

Adresse des Verkäufers – Adresse des Käufers – Token-ID – Menge.

ERC-1155 wird vermehrt zum Standard der Smart Contracts, ein ERC-721 Asset kann auch mit ERC-1155 erstellt werden (Menge: 1).

Ether (ETH)

Ether (ETH) ist die Kryptowährung des Ethereum-Ökosystems, mit der alle Kosten, die durch Transaktionen und Gas Fees (→ Glossar: Gas) anfallen, bezahlt werden.

Gas

Virtueller Treibstoff, der bei Ethereum zur Ausführung von Smart Contracts (→ Glossar: Smart Contracts) genutzt wird.

Initial Coin Offering (ICO)

Das Initial Coin Offering, kurz ICO, ist eine ist eine Methode des Crowndfundings, die von Firmen verwendet wird, deren Geschäftsmodell auf Kryptowährungen basiert.

Durch das Ausgeben von sogenannten Payment Token (Zahlungstoken) können solche Firmen vermeiden, den streng regulierten Prozess einer Kapitalaufnahme zu durchlaufen:

Der Investor erwirbt einen Anteil an Coins einer neuen, speziell für den ICO entwickelten, Kryptowährung. Die neue Währung wird ähnlich wie zum Beispiel Bitcoin ausgestaltet und wird im Austausch gegen andere etablierte Kryptowährungen oder auch staatliche Währungen verkauft. Payment Token sind keine Wertpapiere, gelten aber als Zahlungsmittel.

Für die jeweiligen Token werden in einem White Paper Informationen zum geplanten Geschäftszweck, den zu handelnden Personen und der technischen Ausgestaltung der Token hinterlegt. Solche White Paper sind nicht reguliert und können in Form und Inhalt beliebig gestaltet werden.

Unternehmen, die einen ICO durchführen, haben oft nur sogenannte „Minimum Viable Products“ (MVP), die in dem White Paper beschrieben werden.

Darüber hinaus gibt es zwei weitere Crowdfunding-Methoden:

Initial Token Offering, kurz ITO: Der Käufer erwirbt mit dem Kauf von Utility Token (Nutzungstoken) ein Recht auf einem bestimmten Nutzen an der Firma, wie einer bestimmten Dienstleistung oder Produkt, vergleichbar mit einer Art Eintrittskarte oder Mitgliedschaft. Diese Art von Token sind kaum bis gar nicht reguliert, wodurch die Rechte des Investors nicht geschützt sind. Utility Token sind keine Wertpapiere.

Security Token Offering, kurz STO: Der Käufer erlangt mit dem Kauf von Security Token (Anlage- oder Wertpapiertoken) bestimmte Werte des Unternehmens oder die Rechte an solchen Werten. Hierbei handelt es sich um konkrete Vermögenswerte, wie beispielsweise Unternehmensanteile und sind mit Aktien oder Wertpapieren zu vergleichen. Dadurch sind Security Tokens strenger reguliert, sie unterliegen den nationalen Wertpapiergesetzen.

Das erste offizielle ICO fand im Jahr 2014 statt, bei dem Karmacoin für das Karmashares-Projekt verkauft wurden. 2017 folgte mit NEO einer der erfolgreichsten ICOs aller Zeiten: der NEO-Coin wurde anfangs für 3 Cents ausgegeben und zwischenzeitlich für 180$ gehandelt. Auch der neue Webbrowser Brave startete ein ICO und nahm rund 35 Millionen Dollar innerhalb von weniger als 30 Sekunden ein.

Es gibt eine Vielzahl an Websites, die laufende und anstehende ICOs bekannt geben, wie zum Beispiel icodrops.com.

Dass ICO immer wichtiger werden zeigt zum Beispiel der Vorstoß der US-Aufsichtsbehörde Securities und Exchange

Commission (SEC), das geltende Wertpapiergesetz auf ICOs anzuwenden. In Deutschland veröffentlichte die BaFin eine Leitlinie zu ICOs. In Liechtenstein wurde 2019 bereits das erste Blockchain-Gesetz zu Regulierungen von ICOs und der Tokenökonomie eingeführt.

Initial Public Offering (IPO)

Initial Public Offering, kurz IPO, ist zu deutsch der Börsengang. Dabei bietet ein privates Unternehmen Aktien an, die an der Wertpapierbörse nach der Prüfung und Zulassung öffentlich angeboten und gehandelt werden. Mit einem IPO ist es den Unternehmen möglich, Kapital von öffentlichen Anlegern einzunehmen und damit zu wachsen und zu expandieren. Abgewickelt werden die Transaktionen in der Regel von Investmentbanken oder einem Konsortium aus mehreren Banken.

Ein Börsengang ist nicht für jedes Unternehmen möglich, da nur etablierte private Unternehmen, die bereits seit einiger Zeit am Markt sind, einen Börsengang durchführen dürfen. Der IPO ist an eine Reihe von Anforderungen gekoppelt, wie zum Beispiel eine Mindestschwelle für den Gewinn und eine gute Erfolgsbilanz, Rechts- und Compliance-Anforderungen oder auch eine rechtliche Erklärung in Form eines sogenannten Prospekts, in dem die Öffentlichkeit über die Absicht des bevorstehenden Börsengangs informiert wird.

Was unterscheidet IPOs und ICOs (→ Glossar: ICO)?

Für einen IPO werden Zeit, Anwälte, Banken usw. benötigt. Der ICO ist hingegen ein sehr viel kürzerer Prozess: Es gibt keinen gesetzlichen Rahmen, der eingehalten werden muss, ebenso ist nur ein begleitendes White Paper notwendig.

Bei einem IPO können Aktienanteile eines Unternehmens durch Investmentbanken an die Öffentlichkeit verteilt und Dividenden aus dem Unternehmensgewinn geschöpft werden. Bei ICO werden digitale Token zu einem bestimmten Preis angeboten, der durch das in das Projekt gesetzte Vertrauen der Community steigen kann.

Auch bei den Regularien gibt es Unterschiede: Bevor ein privates Unternehmen einen IPO durchführen kann, muss dieser bei den zuständigen Behörden beantragt und genehmigt werden. ICOs finden hingegen dezentral statt und sind wenig bis gar nicht reguliert.

Intellectual Property (IP)

Intellectual Property, kurz IP, meint das Eigentum an geistigen Schöpfungen: Literarische und künstlerische Werke, Musik, Designs, im Handel verwendete Symbole, Namen und Bilder, aber auch auf Erfindungen. Gesetzlich geschützt werden können diese zum Beispiel durch Patente, Urheberrechte und Marken, durch die auch ein finanzieller Nutzen geregelt werden kann.

Da viele NFTs auf einem Kunstwerk basieren, stellt sich die Frage, wem die geistigen Eigentumsrechte, wie z.B. das Urheberrecht, nach dem Kauf bzw. Verkauf gehören.

Generell lässt sich festhalten: Die Übertragung eines NFTs stellt keine Übertragung des Eigentums an den damit verbundenen Vermögenswerten und den zugrunde liegenden geistigen Eigentumsrechten dar.

Grundsätzlich liegen die geistigen Eigentumsrechte also erst einmal beim Schöpfer der NFT. Der Käufer muss eine ausdrückliche Abtretung oder Lizenz der zugrunde liegenden Rechte erwerben, um das Werk reproduzieren oder verwenden zu dürfen. Der Inhaber kann eine Lizenz erteilen, hat aber ebenfalls Möglichkeiten, Beschränkungen für die Nutzung des Werkes aufzuerlegen. Darüber hinaus kann er zum Beispiel auch Provisionen hinterlegen, durch die er bei jedem Weiterverkauf seines Werkes Geld bzw. Tantiemen verdient.

In den meisten Fällen erhält der Käufer eine begrenzte Lizenz zur Nutzung des Werks, aber keine Eigentumsrechte.

Ein Beispiel hierfür ist das NFT für ein Video von einem Slam-Dunks des US-Basketballspielers LeBron James. Dieses NFT wurde im Rahmen einer Serie von digitalen Sammlerkarten mit NBA-Highlight-Clips in limitierter Auflage veröffentlicht und auf dem Top Shot-Markplatz verkauft.

Auch nach dem Verkauf des NFTs besitzt die NBA immer noch das Urheberrecht am Originalvideo und jede Reproduktion dieses Videos unterliegt weiterhin den Lizenzbedingungen der NBA. Sie dürfen als Besitzer also nicht ohne vorherige Zustimmung des Inhabers, der NBA, das NFT verändern oder beispielsweise Waren im Zusammenhang mit dem NFT produzieren und verkaufen. Ebenso schreibt die NBA in ihren Lizenzbedingungen vor, dass der Slam-Dunk nicht in medialer Verbindung zu Inhalten mit Hass, Intoleranz, Gewalt, Grausamkeit usw. stehen darf. Zuwiderhandlungen würden vom Top Shot-Marktplatz mit einer

Sperrung des Kontos bis hin zu einem Entzug des NFTs geahndet.

Unklarheiten gibt es momentan beim behördlichen Umgang mit NFT und deren Eigentumsrechten. In den meisten Ländern liegen noch keine rechtlichen Rahmen hierfür vor. Es ist oft nicht klar definiert, wie NFTs und das damit verbundene geistige Eigentum erfasst und dargestellt werden soll. Solange die Ämter für geistiges Eigentum keinen Mechanismus entwickelt haben, in dem NFT-basierte Übertragungen anerkannt werden, besteht die Gefahr, dass die Besitzer der Eigentumsrechte an einem NFT keine Verletzungsverfahren einleiten können.

Layer 2

Layer 2 ist ein Sammelbegriff für Lösungen, die die Geschwindigkeit und Effizienz von Blockchains erhöhen sollen. Layer 2-Netzwerke wickeln Transaktionen außerhalb der Mainchain (Layer 1) ab, nutzen aber den Konsens-mechanismus der Mainchain (→ Glossar: Proof of Work, Proof of Stake). Im Gegensatz zu Sidechain-Lösungen werden Transaktionen über Layer 2-Lösungen auf der Mainchain und nicht in der Sidechain validiert.

Auf die Ethereum-Blockchain bezogen bedeutet das: Durch die stetig steigende Anzahl von Anwendungen und Nutzern, sinkt die Transaktionsgeschwindigkeit und steigen die Transaktionsgebühren (→ Glossar: Gas). Durch Layer 2-Lösungen lassen sich Transaktionen schneller und kostengünstiger auf der Ethereum-Blockchain abwickeln.

Meme

Ein Meme (ausgesprochen [miːm]) ist eine Foto- oder Videodatei, die im Internet kursiert und thematisch Personen oder Momente aufgreift, die zuvor in den Medien für Aufsehen gesorgt haben. Der Inhalt ist meistens humoristisch, kann aber auch satirisch und gesellschaftskritisch sein. Ein Meme kann selbst erstellt werden, oft handelt es sich jedoch um aus dem Zusammenhang gerissene oder montierte Werke, wie zum Beispiel ein Bild, dem nachträglich ein kurzer, prägnanter Text hinzugefügt wurde. Dabei sind sie nicht an bestimmte Medientypen gebunden und erlangen durch die Verbreitung im Internet eine große virale Aufmerksamkeit. Memes sind ein bedeutender Teil der Webkultur.

Dass Memes mehr als nur lustige kleine Bilder sind, wird auch durch ihren Einfluss auf die NFT-Welt deutlich: Im Jahr 2012 wurde ein Hunde-Meme namens Doge populär. Die Kryptowährung Dogecoin (DOGE) bekam von eben diesem Meme den Namen und das Design. Nicht zuletzt verkaufte im April diesen Jahres Zoe Roth, besser bekannt als „Desaster Girl“, das Originalbild, das als Vorlage für tausende von Memes im Jahr 2008 stand, als NTF. Der Bieter war bereit, 180 ETH, umgerechnet fast eine halbe Million Dollar, dafür zu zahlen.

Miner

Ein Miner oder Nutzer (→ Glossar: Node) überprüft innerhalb des Blockchain-Netzwerkes die Richtigkeit einer Transaktion. Vergleichbar ist dies mit der Lösung komplexer mathematischer Aufgaben, durch die die neuen Blöcke validiert werden.

Minting

Durch das Minting (zu Deutsch: "Prägen“) wird ein NFT in eine Blockchain aufgenommen und somit Teil eines öffentlichen, unveränderlichen und fälschungssicheren Verzeichnisses. Vergleichbar ist dieser Prozess mit dem Prägen von physischen Geldmünzen, bevor sie in den Umlauf gebracht werden.

Das Minting stellt insofern eine Voraussetzung für den Handel mit NFTs dar. Die Blockchain, über die am häufigsten geminted wird, ist die Ethereum-Blockchain. Token können aber auch in anderen Blockchains gepägt werden. Sie muss den NFT-Standard unterstützen, was zum Beispiel bei Binance Smart Chain, Flow oder Polkadot der Fall ist. Wichtig: ein NFT kann nur in dem Blockchain-System gehandelt werden, in dem es geprägt wurde.

NFT – non-fungible token

Ein NFT ist ein nicht austauschbares, digital geschütztes Objekt, das auf einer Blockchain basiert. Jeder Block enthält Daten über das Objekt, den eigenen Hashwert und den Hashwert des vorherigen Blocks. Durch den Hashwert, der mit einem digitalen Fingerabdruck zu vergleichen ist, ist jeder Block einzigartig und identifizierbar. Aus diesem Grund ist eine NFT nicht austauschbar oder kopierbar. Ein NFT ist ein digitales Original, Pendants in der physischen Welt sind zum Beispiel Original-Gemälde.

Node

Softwareclient, der am Blockchain-Netzwerk teilnimmt.

Private Key und Public Key

Private Key (privater Schlüssel) und Public Key (öffentlicher Schlüssel) gehören zum sogenannten asymetrischen Kryptosystem. Es handelt sich um ein Verschlüsselungsverfahren, das aus zwei Schlüsseln pro User besteht. Durch dieses Verfahren kann Klartext in Geheimtext (Public Key) und Geheimtext in Klartext (Private Key) umgewandelt werden.

Der Public Key ist dazu da, User anhand ihrer digitalen Signatur zu überprüfen und zu authentifizieren sowie Daten und Nachrichten für die Übermittlung zu verschlüsseln. Der Private Key dient dem Nutzer dazu, Daten und Nachrichten zu entschlüsseln, eine digitale Signatur zu erstellen und sich zu authentifizieren.

Der Private Key muss unbedingt geheim gehalten werden, der Public Key hingegen muss jedem zugänglich sein. Um in Kontakt zu treten, wird nur der Public Key benötigt.

Proof of Stake (PoS)

Der Proof of Stake (PoS, zu Deutsch: Anteilsnachweis) ist ein Konzept des Minings, also der Validierung und Generierung neuer Blöcke auf der Blockchain. Proof of Stake basiert auf einem Konsensmechanismus, der über die Gewichte Coin-Vermögen und Teilnahmedauer des Miners („Stake"), den Miner auswählt, der die Transaktion auf der Blockchain validieren darf. Dafür erhält der Miner wiederum weitere Coins. Einfacher ausgedrückt: Je mehr Coins ein Miner hat, desto mehr darf er minen. Gegensätzlich zum Proof of Work (PoW, zu Deutsch: Arbeitsnachweis, → Glossar: Proof of Work) kommt PoS ohne den Einsatz energieintensiver Rechnerleistungen aus und ist dadurch eine kostengünstigere und umweltverträglichere Alternative.

Proof of Work (PoW)

Proof of Work (zu Deutsch: Arbeitsnachweis) ist ein Konzept des Minings, also der Validierung und Generierung neuer Blöcke auf der Blockchain. Bei diesem Konsensmechanismus lösen die Miner die Anforderungen über ihre Rechnerleistung.

Wer am schnellsten einen Block bzw. eine Transaktion validiert und in die entsprechende Blockchain einfügt, bekommt die Belohnung. Dieses Konzept wird zum Beispiel von Bitcoin oder Ethereum genutzt. Das PoW-Verfahren erfordert eine große Menge an Energie und kann dadurch recht kostspielig werden (man denke an die teilweise extrem hohen Ethereum Gas Fees).

Public Ledger

Ein Public Ledger (zu deutsch: Öffentliches Kassenbuch), auch Distributed Ledger, ist ein uraltes Aufzeichnungssystem. Darin wurden Informationen wie zum Beispiel Rohstoffpreise dokumentiert und für die Öffentlichkeit zugänglich gemacht. Gleichzeitig wurde es auch für Verifizierungen verwendet.

Blockchains arbeiten mit einem ähnlichen Aufzeichnungs- und Verifizierungssystem. In der Kryptowelt können auf diese Weise alle Transaktionen zwischen zwei Parteien dokumentiert und die jeweiligen Kryptowährungs-Guthaben festgehalten werden. Die Identitäten der Teilnehmer werden anonym verwaltet.

Public Ledger sind virtuelle Transaktionsregister auf Basis einer Datenbank, die auf einer Vielzahl von Rechnern geführt wird. Diese werden dezentral, also nicht durch Banken, Behörden oder Regierungen verwaltet. Informationen zu Transaktionen werden basierend auf einem Konsens-Mechanismus validiert, in Blöcken gespeichert und unveränderlich in der Blockchain eingefügt. Auf jedem Rechner ist eine Kopie der gesamten Blockchain gespeichert. Durch die Vielzahl an Kopien ist eine Änderung an einem Public Ledger unmöglich, da diese Änderung bei einer Validierung auffallen und zurückgewiesen werden würde.

Ähnlich wie bei traditionellen Banktransaktionen, bei der beide Parteien abgefragt und geprüft werden, prüft auch das Public Ledger die Authentizität der beiden Konten. Dies geschieht, indem die auf der Blockchain festgehaltenen Details abgeglichen und verifiziert werden. Unterschiede gibt es jedoch in der Dokumentation der Transaktion. Können bei Banken die Unterlagen durch Bankmitarbeiter, entsprechenden Behörden oder der Regierung abgefragt werden, können dies bei Public Ledger dies nur die transagierenden Parteien. Zudem bleiben die Identitäten der Parteien anonym.

Seed

Die Seed Phrase, auch Secret Recovery Phrase genannt, ist eine Reihe von Worten, die von der Kryptowährungs-Wallet generiert wird. Die Seed-Phrase ermöglicht den Zugriff auf die Wallet und die damit verbundenen digitalen Assets. Bei Bedarf kann hiermit auch die Wallet wiederhergestellt werden. Die Seed-Phrase sollte sicher aufbewahrt werden, damit sie nicht verloren geht oder in fremde Hände gelangt.

Smart Contract

Ein Smart Contract ist ein Vertrag auf Software-Basis, der hinterlegte Regeln automatisch überwacht.

Während des Vertragsverlaufs können bestimmte verknüpfte Aktionen (z.B. Auszahlungen) selbsttätig ausgeführt werden, wenn ein entsprechender Auslöser (z.B. Erfüllung von Vertragsbedingungen) vorliegt.

Im Zusammenhang mit Blockchain-Technologien können Smart Contracts viele manuelle Tätigkeiten automatisieren. So könnte zum Beispiel eine Anleihe auf Basis eines Smart Contracts zu den Zinsterminen automatisierte Zinszahlungen an die Gläubiger veranlassen.

Token

Die ursprüngliche Bedeutung des Wortes „Token“ (Münze) ist eine Scheidemünze privater Prägung. Besonders im englischen Sprachraum wird unter "Token" eine Wertmarke verstanden.

In der digitalen Welt steht der Begriff für eine Folge zusammengehöriger Zeichen oder Folge von Bits sowie für eine Erkennungsmarke in einem Kommunikationsnetz, die die Sendeberechtigung enthält.

Während Coins beispielsweise zum Bezahlen dienen, haben Token eine deutlich größere und breitere Funktionalität. Token werden in Verbindung mit Smart Contracts (→ Glossar: Smart Contracts) erzeugt und werden in eine Blockchain eingebettet.

Das Token bezieht sich strikt auf das Ökosystem, in dem es existiert – es kann nicht wie z. B. Coins außerhalb des Systems verwendet werden.

Wallet

In einer Wallet werden Kryptowährungen verwaltet, aber nicht direkt gespeichert. Die Kryptowährungen befinden sich in der Blockchain, mit Hilfe der Wallet kann man nachweisen, dass man der Besitzer ist. Dazu werden ein privater Schlüssel und ein öffentlicher Schlüssel (→ Glossar: Private Key und Public Key) benötigt.

Wie geht es weiter?

Sie haben nun einen umfassenden Einblick in die NFT-Welt bekommen und vielleicht auch schon die ersten Schritte gewagt. Wo können Sie sich weiter informieren und die jeweils neusten Nachrichten aus der NFT-Welt erhalten?

Hier stellen wir Ihnen Informationsquellen vor, die regelmäßig und unabhängig über Themen rund um Kryptowährung, NFTs und Metaverse berichten.

t-basics.de

Das NFT-Universum ist extrem schnelllebig: Dieses Buch wird ständig aktualisiert und erweitert. Melden Sie sich zu unserem T/BASICS Newsletter an – und sichern Sie sich kostenlose Aktualisierungen per E-Mail, noch bevor die nächste Auflage erscheint.

coinmarketcap.com

CoinMarketCap ist die weltweit am meisten referenzierte Webseite, wenn es um die Preisverfolgung von Krypto-Vermögenswerten im schnell wachsenden Kryptowährungsbereich geht. Die Mission der Seite ist es, Krypto weltweit auffindbar und effizient zu machen, indem sie Privatanwendern unvoreingenommene, qualitativ hochwertige und genaue Informationen zur Verfügung stellt, damit diese ihre eigenen fundierten Schlüsse ziehen können.

US-Nachrichtenagenturen wie CNBC oder Bloomberg oder die US-Regierung nutzen die Daten von CoinMarketCap für

Recherchen und Berichte. Seit der Übernahme durch Binance Anfang 2020 agiert CoinMarketCap weiterhin unabhängig von der Muttergesellschaft. Die täglich erscheinenden Newsletter helfen, einen Überblick über die Geschehnisse zu bekommen und wichtige Informationen zu erhalten.

Dr. Teo Pham

„Heute wissen, was morgen kommt" - Teo Pham berichtet über digitale Trends der Generation Z sowie aus dem Silicon Valley und China. Er ist ein Experte und Top-Influencer auf dem Gebiet Metaverse, Krypto und NFTs. In seinem Podcast „Trends mit Teo" kommen regelmäßig Experten des Web3 zu Wort, die einen informativen und vielschichtigen Input liefern. Neben dem Podcast informiert Teo ebenfalls über Twitter (@heyteo_), LinkedIn (TEO Pham), YouTube (Teo Pham) und seinem Blog über diese Themen. Darüber hinaus hat er eine eigene Discord-Community (TEO) ins Leben gerufen, in der ein reger und konstruktiver Austausch über Themen und Fragen der Krypto-Welt stattfindet.

Anthony Sassano

Anthony Sassano ist ein unabhängiger Ethereum-Berater und Investor, der täglich über die Geschehnisse in der Ethereum-Welt berichtet und Sie mit Neuigkeiten auf dem Laufenden hält. Neben einem täglichen Newsletter informiert er auch über seinen YouTube-Kanal (The Daily Gwei), Twitter (@thedailygwei) und in seiner Discord-Community (The Daily Gwei).

Quellenverzeichnis

Literatur

Anatonopoulos, Andreas M. / Wood, Gavin, Ethereum – Grundlagen und Programmierung, 1. Aufl., Heidelberg 2019

Bray, Daniel, Nft & Cryptoart, USA o.O. 2021

Collins, Chris, Nft Art and Collectibles for Beginners, USA o.O., Publishing Forte 2021

Helbig, Jens, Mit Blockchain zum Kryptoinvestor, 2. Aufl., Düsseldorf 2019

Neugebauer et. al. / Fraunhofer-Gesellschaft, Digitalisierung, 1. Aufl., München 2018, S. 311ff. (Blockchain)

Specht, Philip, Die 50 wichtigsten Themen der Digitalisierung, 4. Aufl., München 2019

Web

Decentralized Finance

https://t3n.de/news/defi-erklaert-das-steckt-hinter-decentralized-finance-1356901/

https://www.coinbase.com/de/learn/crypto-basics/what-is-defi

https://www.blockchaincenter.net/defi/

Gas Fees

https://polygon.technology

https://www.coinbase.com/de/price/polygon

https://cvj.ch/wissen/basiswissen/eine-einfuehrung-zu-polygon-und-ethereum-skalierung/

https://ethereumprice.org/gas/

https://coinmarketcap.com/alexandria/article/what-are-gas-fees

https://www.cryptolist.de/solana

https://blockchainwelt.de/ethereum-prognose/

https://block-builders.de/kryptowaehrungen/ethereum/

Metaverse

https://www.matthewball.vc/all/themetaverse

https://t3n.de/news/metaverse-erklaert-hype-zukunft-1419141/

https://www.btc-echo.de/news/metaverse-die-groesste-chance-fuer-den-krypto-sektor-123705/

https://www.heise.de/hintergrund/Alle-reden-uebers-Metaverse-Aber-was-soll-das-eigentlich-sein-6237609.html

https://de.wikipedia.org/wiki/Metaversum

Über den Verlag

T/Basics – schneller verstehen

Die Reihe T/Basics liefert Einsteiger-Wissen zu digitalen Technologien – insbesondere zu NFT, Blockchain und dem Internet of Things.

Die Bücher sind gedacht für Menschen, die komplexe Themen von Grund auf verstehen möchten. Sie bekommen eine erste Orientierung, mit der sie erfolgreich weiter recherchieren – ohne von einer Informationsflut überrollt zu werden.

Leserinnen und Leser von T/Basics kommen schneller ans Ziel: Sie vermeiden Umwege und sparen in vielen Fällen echtes (Lehr)geld.

Über den Autor

Bernd Tepe, Wissens-Entdecker mit Lehrer-Gen: „Alles, was ich gerade neu gelernt habe, muss ich sofort weitergeben."

Als Strategie-Berater von IT-Wissensunternehmen ist es seine Mission, das Knowhow seiner Kunden sichtbar zu machen. Als Autor erklärt Bernd Tepe digitale Technologien für Einsteiger. Seine Themen sind das Internet of Things sowie Blockchain und NFT: „In diese Themen einzusteigen ist wie plötzlich in die Zukunft blicken zu können."

Sie treffen den Autor Bernd Tepe auf LinkedIn oder erreichen ihn per E-Mail bernd.tepe@tepe.gmbh.

Printed in Poland
by Amazon Fulfillment
Poland Sp. z o.o., Wrocław

86884737R00060